LA COUR DE VERSAILLES

Beaugency, — Impr. F. Renou.

LA COUR

DE

VERSAILLES

PAR

M. LE BARON DU FAOUET

PARIS

C. DILLET, LIBRAIRE - ÉDITEUR

15, RUE DE SÈVRES, 15

—

1868

LA COUR DE VERSAILLES

VERSAILLES SOUS LOUIS XIV

I

Première visite de la cour à Versailles. — Mansard et Louis XIV.
— Le duc de Créqui. — Ce qu'était la cour en 1664. — Les
plaisirs de l'Ile enchantée. — Le Carrousel. — La grotte de
Téthys, — Le palais d'Alcine. — Molière. — La Fontaine.

Par une de ces belles matinées du printemps où le
soleil, dont les rayons commencent à avoir une douce
chaleur, éclaire cette première verdure, charmante
comme tout ce qui naît et contient en soi les promesses
de l'avenir, la cour de Saint-Germain monta dans de
nombreux carrosses pour se rendre à Versailles. Depuis
trois ans, le jeune roi fait travailler deux illustres ar-

tistes à embellir la demeure de Louis XIII, et le moment est venu de la faire admirer à sa brillante cour.

Après avoir traversé bois et collines, les équipages s'arrêtent à ce monticule où se voyait naguère un modeste moulin, et où se développe déjà une admirable façade ; cependant le petit château de briques de Louis XIII a été respecté, Mansard lui-même n'a pu en obtenir le sacrifice de la piété filiale de Louis XIV ; en vain a-t-il invoqué son peu de solidité. « S'il n'est pas solide, a répondu le roi, il faut l'abattre, mais il sera rebâti comme il est. » Rassuré par cet argument sur la solidité du *château de cartes*, Mansard en fit le centre de son plan, et l'enchâssa autant qu'il put dans les belles constructions qu'il éleva, de manière du moins qu'il fût complétement dissimulé du côté des jardins comme un de ces aïeux qu'on ne renie pas, mais que l'on montre le moins qu'on peut. C'est de ce côté surtout que les merveilles de l'art ont changé Versailles. Debout devant cette admirable façade, Louis XIV peut dire, avec une juste satisfaction, à sa cour étonnée :

— Vous rappelez-vous avoir vu un moulin à vent ici ?

— Oui, sire, répond le duc de Créqui, dont le chapeau vient d'être enlevé par un de ces coups de vent habituels à Versailles ; le moulin a disparu, mais le vent est resté.

Un parc non terminé, mais admirablement dessiné, marque les droites allées de ce style français qui convient si bien à la majesté des demeures royales ; déjà quelques-uns de ces bosquets, oasis d'ombrage et de verdure, en interrompent la monotonie ; des groupes de bronze et de marbre ornent les parterres et semblent vouloir troubler le calme et l'immobilité des dieux Termes, qui seuls avaient été en possession du petit parc de Louis XIII, et que le Nôtre a dû conserver, comme Mansard avait dû respecter le petit château. Enfin des jets d'eau, des cascades, des gerbes humides, donnent la vie là où, quelques années avant, le voyageur ne pouvait trouver même un mince ruisseau pour étancher sa soif et baigner ses membres fatigués. L'art avait transformé la nature, et c'était une œuvre digne de ces trois noms, Louis XIV, Mansard et le Nôtre; mais aussi la royauté pour laquelle le jeune souverain faisait élever cet admirable palais était la première du monde, et la cour qui l'entourait était la plus brillante de l'univers. Composée déjà de véritables héros, de Condé rendu à sa patrie, de Turenne, le gagneur de batailles, de Villeroy, Vauban, Vendôme, elle pouvait montrer parmi ses conseils et ses ministres, Colbert, Louvois, Lamoignon. Nous y voyons aussi quelques-uns de ces noms qui immortaliseront les lettres et les arts, et parmi lesquelles il est juste de distinguer Molière et la Fontaine, qui doivent contribuer aux plaisirs auxquels la cour est conviée en ce moment.

Le jeune souverain nous apparaît lui-même dans toute la splendeur et le prestige du nom de Louis XIV; déjà il a rétabli les finances, il a anéanti les factions, il a osé assumer sur son jeune front toute la responsabilité de la royauté; de telle sorte que désormais les factions ne pourront plus se servir du prétexte d'abattre un ministre trop puissant pour faire la guerre au trône.

Sa valeur a brillé même auprès de celle de Turenne, et ses peuples savent qu'il les conduit à la victoire.

Deux reines l'accompagnent, l'une conserve encore les traces d'une grande beauté, et sa démarche digne et fière nous fait reconnaître Anne d'Autriche; l'autre toute jeune, reine depuis quelques mois seulement, et dont l'union avec son royal cousin a signé la paix des Pyrénées, Marie-Thérèse d'Espagne, laisse lire la douceur et la bonté dans ses yeux d'un bleu charmant et sur ce visage timide qu'encadrent les plus magnifiques cheveux blonds. Les deux reines sont suivies de la ravissante Henriette d'Angleterre, femme de Philippe d'Orléans, qu'accompagnent comme un essaim de nymphes ses filles d'honneur. Au milieu de ces roses du parterre des cours, comme François Ier appelait les femmes, se détachent la délicate figure de Louise de la Vallière et la beauté plus fière d'Athénaïs de Mortemart et de ses sœurs.

Ce voyage de la cour à Versailles avait pour but d'assister à des fêtes fécondes en merveilles qui leur feront donner le nom de *Plaisirs de l'Ile enchantée.* Pendant six jours, plus de six cents conviés remplirent le palais et les jardins, où se succédèrent les plaisirs les plus variés.

L'ouverture de ces fêtes fut toute chevaleresque. L'un des bosquets de Versailles, où de grandes allées aboutissaient par quatre portiques de trente-cinq pieds d'élévation, avait été choisi pour les assauts d'un magnifique carrousel; les côtés de cette lice étaient garnis d'arcs de triomphe sous lesquels les princesses et les dames de la cour attendaient assises l'entrée des combattants. L'or et la peinture décoraient les festons des portiques surmontés des armes royales, lorsque les hérauts d'armes annoncèrent l'arrivée des combattants que précédaient les pages et les écuyers. Le roi parut enfin : il portait le costume de Roger, car le carrousel était tiré de l'Arioste; ce beau et jeune souverain, montant un cheval superbe et revêtu d'une cuirasse de lames d'argent toute couverte d'une broderie d'or et de diamants, était suivi des chevaliers qui devaient lui disputer le prix et dont les chroniques du temps nous ont conservé les noms : c'étaient le duc de Guise, le duc de Noailles, le prince de Marsillac, le comte d'Armagnac, le marquis de Soyecourt, habitués comme leur souverain à combattre et à vaincre ailleurs qu'en champ clos.

A la suite de cette noble cavalcade, venait le char du Soleil entouré des Ages d'or, d'argent, de fer et d'airain, des Saisons, des Heures, enfin de tous les emblèmes qui se rattachent au roi de la nature lui-même emblème de Louis XIV. Quelques-uns de ces personnages mythologiques vinrent réciter aux reines des vers du président de Périgny et de Benserade, que l'à-propos n'a pas préservés d'un juste oubli. Le vainqueur du tournoi, c'est-à-dire le roi, convia les dames de la cour à un banquet servi dans cette grotte de Téthys qu'ornait le magnifique groupe d'Apollon au bain. Au milieu des coquillages et de la mousse semblaient croître les fruits les plus rares, les sucreries les plus exquises, que détachaient les nymphes et les déesses du char du Soleil; les tables dressées par elles se couvraient de mets sans cesse re-

nouvelés, à tel point qu'une relation assure qu'il y eut
« cinq services de chacun cinquante-six grands plats. »

Molière célèbre ainsi ce festin, pris aux pieds d'Apollon, au milieu de la verdure des bosquets, des eaux
jaillissantes éclairées de mille flambeaux :

> L'un et l'autre soleils sont rayonnants de gloire.
> Ah ! si j'étais aidé des Filles de Mémoire,
> De quels traits j'ornerais cette comparaison !
> Versailles, tu serais le temple d'Apollon ;
> Ce dieu, se reposant sous ces voûtes humides,
> Est assis au milieu d'un chœur de Néréides ;
> Toutes sont des Vénus de qui l'air gracieux
> N'entre pas dans son cœur et s'arrête à ses yeux.
> Il n'aime que Thétis, et Thétis les surpasse ;
> Chacune en le servant fait office de Grâce...

Molière désignait sous ce nom de Thétis la jeune
reine, pour qui ces fêtes semblaient en effet être données.

Chaque soir quelque bosquet improvisé en salle de
spectacle réunissait cette foule nombreuse et brillante,
qui dans la journée s'était dispersée dans le palais et les
jardins au milieu des promenades et des jeux de toute
sorte. Molière, ce génie poétique si essentiellement
français, charmait la cour par des œuvres secondaires,
le *Mariage forcé*, comédie-ballet, *la Princesse d'Elide*,
à l'ombre desquelles il tenta trois actes du *Tartuffe*,
dont les beaux vers ne surent tromper le sens droit du
jeune monarque, qui, à cette époque, n'hésita pas à in-
terdire cette pièce au public, « parce que, disait-il, il

est fort difficile de faire la différence des vrais et des faux dévots. »

Ces fêtes devaient se terminer, comme elles avaient commencé, par une allusion au poëme de l'Arioste; le palais d'Alcine avait été élevé dans un étang : une illumination brillante de torches et de flambeaux de cire blanche éclairait ce palais féerique, qui s'écroula au milieu d'un splendide feu d'artifice.

Ces fêtes, dont nous n'avons pu donner ici qu'une légère esquisse, faisaient dire au bon la Fontaine : « Tout le monde a ouï parler des merveilles de ces fêtes, des palais devenus jardins, des jardins devenus palais, de la soudaineté avec laquelle on a créé ces magnifiques choses qui rendront les enchantements croyables à l'avenir. »

L'opinion de la cour de Versailles. — Le favori sans mérite. — Continuation des travaux. — La visite du roi à Versailles. — Le Nôtre, architecte. — Nouvelles fêtes. — Versailles *habitable*. — Coup d'œil sur les dépenses faites à Versailles.

La cour revint à Saint-Germain fort éblouie des fêtes de Versailles, et, au cercle d'Anne d'Autriche, l'œuvre de Mansard et de le Nôtre reçut des louanges qui ne déplurent pas au jeune roi. Cependant parmi les groupes de courtisans nous saisissons plus d'une critique :

— Je m'étonne, disait un ancien favori de Louis XIII, que le roi, puisqu'il voulait fixer le siège du gouvernement hors de Paris, cette capitale de la Fronde, n'ait pas choisi Saint-Germain même. Quel admirable développement le nouveau palais eût pu prendre entre cette terrasse et la forêt? n'est-ce pas un site vraiment royal?

— Etendez votre regard jusqu'à l'extrémité de l'horizon, répondit un autre interlocuteur; ne voyez-vous pas, à cette douce clarté de l'astre des nuits, ce haut clocher, et avez-vous oublié que c'est le clocher de Saint-Denis? Il n'est pas plaisant, croyez-moi, d'avoir tous les jours sous les yeux la demeure où l'on doit passer tant de siècles, couché sous une pierre. Ce clocher, semblable à un doigt levé vers le ciel, vous répète à tout instant comme l'esclave antique: « Maître, il faut mourir. »

— Louis XIV, monsieur le marquis, dit la voix grave d'un prince de l'Église, a la foi et l'espérance, avec lesquelles on ne craint pas plus la mort que ses autres ennemis. A celui-là, je le sais, il faut rendre les armes ; mais ceux de nous qui assisteront à ce terrible moment verront le roi semblable à ces vaincus que l'héroïsme fait plus grands que leur vainqueur.

— Pour moi, reprit à demi-voix un vieux frondeur, qui, tout soumis qu'il fût, aimait à se rappeler qu'il avait quelque peu contribué à ébranler la monarchie, je crois que le roi dort mal ici, qu'il n'a pas oublié cette nuit où, tout enfant, il y coucha sur la paille, et que le souvenir du pain du pauvre qu'il y a mangé mêle de l'amertume à ses plus délicats festins.

— Voilà de grandes hypothèses pour une chose qui me paraît fort simple, répondit un nouvel interlocuteur; le roi éprouve pour Versailles le même attrait que son père et son aïeul, parce qu'il partage leur goût pour la chasse, et vous savez tous à quel point les bois de Versailles sont abondants en gibier de toute sorte. Henri IV, le rude enfant des montagnes, se contentait du moulin dont le bruit ne troublait pas son sommeil; son fils, élevé par la délicate Marie de Médicis

1.

sur les tapis du Louvre, y a construit ce joli château de briques où déjà il faisait d'assez longs séjours, et notre jeune souverain veut donner à cette demeure la grandeur et une magnificence dignes d'un règne qui semble devoir être un des plus beaux de notre histoire.

— Ma conclusion, reprit un courtisan, c'est que Mansard, eût-il entassé le marbre, l'or et toutes les merveilles des arts à Saint-Germain; cet admirable site, la magnifique forêt qui le domine, effaceraient le chef-d'œuvre des hommes sous la beauté de l'œuvre de Dieu, tandis que ce coteau désert au milieu de ces petits bois que l'on appelle Versailles, changé, transformé comme nous venons de le voir, ce sera vraiment l'œuvre de Louis XIV. Tranchons le mot: Versailles est un favori; mais, à mon avis, *un favori sans mérite.*

Tels furent les divers jugements de la cour sur Versailles. Ce favori de pierre et de marbre était l'objet de l'occupation de Louis XIV, dans les loisirs que lui laissaient la guerre et les affaires du royaume. De Saint-Germain il suivait les travaux de la nouvelle résidence royale, se faisant rendre un compte exact des plans, des projets de changements, des moindres détails d'ornementation ou d'embellissement. Ce manuscrit de Mansard, annoté par la main du roi, est fort curieux. Une large marge est laissée aux observations, et Louis XIV y met le plus souvent un seul mot, un *bon,* un *bien,* quelquefois une remarque, rarement un changement et presque toujours avec restriction, se rapportant au talent et à l'expérience du grand architecte. La lecture seule de ce document révéle une des faces du caractère de Louis VIV, qui contribua certainement à l'entourer de tant de grands hommes : la juste appréciation et une sorte de respect du talent, auquel il savait laisser cette liberté nécessaire pour qu'il produise.

Lorsque Louis XIV pouvait échapper à ce travail incessant, qui est une des grandeurs de sa vie, il allait lui-même juger les progrès de Versailles. Ces voyages se renouvelaient, paraît-il, au moins tous les mois, d'après une lettre qui donne à ce sujet d'assez curieux détails :

« Je n'ai rien de nouveau, madame, à vous mander cette semaine, que le voyage du roi à Versailles. Je sçais que vous l'avez vu et que vous avez lu la belle description que mademoiselle de Scudéry en a faite; mais, le Versailles que vous avez vu, et celui dont elle a parlé, sont bien différents de celui d'aujourd'huy ; et le roi n'est jamais un mois sans y aller, qu'il n'y en trouve un nouveau lorsqu'il y retourne, tant il paraît changé à cause des beautés qu'on n'y adjoute sans cesse... Je n'aurais jamais fait si je voulais vous parler des merveilles que produisent les eaux dans ce lieux délicieux. Le sieur Denys les a fait venir par des pompes et des acqueducs admirables, et M. de Francines leur fait faire des choses qui surpassent l'imagination.... les miracles que fait M. *Nautre (sic)* dans ces superbes jardins ne sont pas moins considérables. »

Louis XIV traitait avec une extrême bonté ces grands artistes. Le Nôtre avait dessiné ces délicieux bosquets qui sont une des beautés du parc de Versailles, et

Louis XIV, dans une de ses visites, désira voir ceux qui étaient exécutés.

— Monsieur, dit-il à l'habile *jardinier*, je vous donnerai 20,000 fr. par bosquet dont je serai content.

Et chaque fois qu'il rencontrait l'une de ces oasis de verdure embellie de fontaines, de cascades, le roi montrait une nouvelle satifaction. Le modeste le Nôtre, qui ne s'attendait pas avoir si complétement réussi, l'arrête dès le quatrième bosquet, en lui disant avec simplicité :

— Sire, c'est assez ; Votre Majesté est si bonne, qu'elle se ruinerait.

Louis XIV, qui avait compris toute la délicatesse de cette nature primitive, voulut lui faire un jour un **grand** *honneur*. Au moment de sa promenade, le roi déclara son intention de parcourir en tous sens le parc que le Nôtre avait achevé de dessiner ; il fit amener devant le perron de ces petits chariots à roulettes que l'on faisait marcher en les poussant par le dos, et pour le passage desquels on a ménagé au milieu des escaliers du perron de Versailles-de larges pentes de pierre.

— Monsieur le Nôtre, dit Louis XIV, montez dans une de ces chaises; mon dessein est de parcourir le parc avec vous.

Voici donc le Nôtre traversant avec Louis XIV ces belles allées, ces admirables quinconces tracés par son habile main et recevant les éloges du roi. L'excellent homme était confondu, et sa joie naïve se traduisai t par des larmes.

— O mon père ! s'écria-t-il, si tu vivais et que tu pusses voir un pauvre jardinier comme moi, ton fils, se promener en chaise à côté du plus grand roi du monde, rien ne manquerait à ton bonheur.

La modestie de le Nôtre le garda d'un autre honneur, celui de la noblesse, que le roi lui offrait.

— Sire , répondit-il , pourrais-je oublier ma bêche ?

Mansard, moins modeste, avait accepté la terre de Sagonne, auquel le roi attacha le titre de comte, dont l'architecte se montrait assez fier. Ajoutez à cela la sur-intendance des bâtiments, le titre de premier architecte avec 70,000 livres et l'ordre de Saint-Michel, et vous avouerez que lui , non plus , n'avait pas à se plaindre de son royal maître. Son zèle pour le roi, du reste, était extrême.

« Un soir, dit Dangeau, le roi nous conta à son coucher que Mansard lui avait apporté hier le dessin et la distribution de tous les appartements de l'aile qu'il fait faire (l'aile du nord), et, ayant résolu de changer toute cette disposition-là, Mansard avait tant travaillé qu'en vingt-quatre heures il avait tout changé et avait encore mieux réussi que la première fois ; par ce nouveau dessin, Sa Majesté aura cinquante-cinq beaux logements de plus à donner aux courtisans. »

Louis XIV ne venait pas toujours seul à Versailles. Les fêtes les plus brillantes y amenaient souvent la cour ; c'étaient de nouveaux carrousels, de splendides processions aux jours de Fête-Dieu, ou bien encore, car le profane se mêlait au sacré, la représentation d'un opéra nouveau, comme celle qui se donna après la conquête de la Franche-Comté, où l'on joua l'*Alceste* de Quinault et Lully, sur un théâtre élevé dans la cour de marbre, l'une des plus jolies salles de Versailles. C'était une petite cour intérieure, pavée de ¦marbre rouge et blanc, qui se trouvait en face du vestibule du corps central du château, et au milieu de laquelle était une fontaine jaillissante. Un banquet vraiment féerique y réunit un soir les femmes de la cour. Autour de cette élégante fontaine, on dressa une table digne des *Mille et Une Nuits*, et dont nous empruntons la description au *Mercure* : « Cette table servait de base à huit consoles de lapis enrichies d'or, qui s'élevaient à la hauteur de quatorze pieds et portaient huit figures d'argent drapées d'or ; mille lumières y formaient une colonne de feu, et les violons et les hautbois remplissaient l'air d'une douce harmonie. »

De merveilleux bals dans ce bosquet, appelé à cause de cela la salle de danse, se terminaient par l'illumination soudaine de tout le parc, ou par des feux d'artifice dont les gerbes brûlantes retombaient dans les bassins en se mêlant aux jets d'eau. Ce fut ainsi que de victoire en victoire et de fête en fête on arriva à l'année 1680, époque où Versailles non achevé, mais *habitable*, fut préparé pour recevoir Louis XIV. Une grande médaille commémorative fut frappée en l'honneur de cet événement. L'année suivante, la cour de Saint-Germain venait se fixer à Versailles, désormais résidence de la royauté et siège du gouvernement jusqu'à la fin de ce grand règne.

Après avoir loué les beautés de Versailles, ne con-

vient-il pas de rechercher ce que Versailles a coûté?
D'autres se le sont demandé avant nous. L'étonne-
ment et l'admiration chez les uns, l'esprit de dénigre-
ment et la mauvaise foi chez les autres, ont tellement
obscurci la question, qu'il ne sera pas facile de l'élu-
cider. Dans la main de la Révolution, Versailles a été
comme une des pierres dont elle s'est servie pour lapi-
der la monarchie. En dehors des apologies et des
calomnies, cherchons la vérité.

Versailles évidemment coûta beaucoup d'argent. Des
recherches consciencieuses nous montrent ces dépenses
portées par les uns jusqu'à plus d'un milliard de livres
tournois, et réduites par d'autres à cent millions envi-
ron. La réalité est entre ces deux extrêmes.

Constatons d'abord une singularité : c'est que Volney
et un nommé Guillaumot, auxquelles on doit ces deux
évaluations si différentes, prétendent les avoir extraites
d'un manuscrit existant chez l'ancien intendant des bâtiments. Volney, s'appuyant vaguement sur ce manuscrit, fait monter les dépenses de Versailles à quatorze
cents millions de livres tournois, à seize francs le marc,
lesquels, suivant lui, l'argent étant monté à cinquante-
deux livres, équivalaient à *quatre milliards six cents millions*. Pour ne plus revenir à cette monstrueuse évaluation, il est bon de remarquer qu'au commencement des
travaux de 1661, le marc d'argent monnayé était non à
seize francs, mais à vingt-neuf livres, et, en 1702, vers
leur fin, à trente-six livres, après avoir subi différentes
variations; tout homme de bonne foi, avant d'établir,

ses chiffres fût allé prendre ce facile renseignement à la Monnaie, mais il est superflu de parler de bonne foi lorsqu'on nomme Volney.

Voici maintenant Guillaumot, ancien architecte du roi, qui, invoquant le même manuscrit, établit en 1801 que pendant vingt-sept ans, de 1660 à 1690, tous les travaux, non compris la chapelle, se sont élevés à cent quatre-vingt-sept millions, soixante-dix mille cinq cent trente-sept livres, treize sous deux deniers, à cinquante-deux livres le marc ; et dans ces travaux, il comprend, outre le château, le parc, les dépendances, les églises de Notre-Dame et des Récollets, le grand Trianon, Clagny, Saint-Cyr, Marly, château, jardins et dépendances, l'aqueduc de Maintenon, les travaux pour amener les eaux de la rivière d'Eure à Versailles, et diverses acquisitions de tableaux, statues et ornements !

Voltaire, qui écrivait souvent l'histoire comme un roman, dit lui-même dans les *Anecdotes* sur Louis XIV que *l'à-peu-près* est son guide en portant les dépenses de Versailles à cinq cents millions, qui en font plus de neuf cents de notre monnaie actuelle, et en appelant Versailles un abîme de dépenses. C'est lui qui le premier donna l'exemple de ces dangereuses exagérations. Dangereuses, car, comme nous l'avons dit, cette évaluation hyperbolique des dépenses faites à Versailles fut une des pierres avec laquelle on lapida la royauté. On se souvient que Mirabeau écrivait dans sa neuvième *Lettre à mes commettants* (1789) : « Le maréchal de Belle-Isle s'arrêta d'effroi quand il eut compté jusqu'à *douze cents millions* de dépenses faites à Versailles, et il n'osa sonder cet abîme. » De même que nous avons fait remarquer combien il eût été facile à Volney de vérifier ses chiffres à la Monnaie, de même Mirabeau aurait dû s'apercevoir qu'il détruisait lui-même un des points d'appui de ses exagérations en ajoutant que Louis XIV avait jeté les mémoires au feu afin de soustraire au public la connaissance du prix de ces travaux ; car si, long-temps après la mort de Louis XIV, le maréchal de Belle-Isle put compter les dépenses, il en eut le mémoire sous les yeux.

On voudrait retrouver dans les Mémoires du temps de Louis XIV quelques lumières sur cette importante matière. Dangeau dit ces mots : « Il y a des années où le roi dépensait jusqu'à douze millions en bâtiments, cette année S. M. n'y a dépensé que dix millions six cent mille livres (3 déc. 1699). »

Le travail consciencieux et difficile qui pouvait à peu près fixer les esprits impartiaux sur cette question fut entrepris par un homme d'un esprit positif et très-versé dans ces matières, Vaisse de Villiers. Son premier soin fut de rechercher les documents consultés avec un résultat si étrangement différent par Volney et Guillaumot, il ne put les retrouver ; mais il se procura, chez Jeanson, architecte des bâtiments du roi à Versailles, un *relevé* anciennement fait de ces dépenses, et dans lequel le prix des acquisitions de terrains, les résumés des mémoires pour chaque nature d'ouvrages, et ceux pour les statues, tableaux et autres objets d'arts sont portés avec précision dans les valeurs du temps. Il y ajouta tous les renseignements que put lui procurer la bibliothèque du roi. Il constata que les registres des sept années antérieures à 1668 ne se retrouvent pas, mais qu'à partir de cette année ils se succèdent durant tout le règne de Louis XIV et au delà, renfermant non-seulement les sommes payées pour les travaux de Versailles, mais pour d'autres encore, comme ceux faits dans ces années-là au Louvre, aux Tuileries, aux divers monuments de Paris et à d'autres châteaux royaux, tels que Saint-Germain et Chambord; il fit la comparaison de la valeur du marc d'argent monnayé avec celle des matières et de la main-d'œuvre aux différentes époques, et le résultat d'un si consciencieux travail, dont les documents peuvent être consultés par quiconque voudrait le vérifier, est que toutes les dépenses, citées plus haut, y compris celles de la chapelle, ne se sont pas élevées dans l'espace de quarante années, à quatre cent millions de francs au cours actuel.

Terminons ces arides recherches, pour lesquelles nous avons eu recours au livre de M. Eckard sur Versailles, par le témoignage de celui-là même qui, le premier donna lieu aux assertions les plus exagérées, Voltaire : « Quand je dirais que tous les grands monuments n'ont rien coûté à l'Etat qu'ils ont embelli, je ne dirais rien que de vrai. Le peuple croit qu'un prince qui dépense beaucoup en bâtiments et en établissements, mine son royaume, mais en effet il l'enrichit; il répand l'aisance parmi une infinité d'artistes; toutes les professions y gagnent; l'industrie et la circulation augmentent; le roi qui fait le plus travailler ses sujets est celui qui rend son royaume le plus florissant. »

III

Louis *le Grand*. — Portrait de la cour. — Versailles en 1681.
— Une journée du roi : le lever du roi, le dîner du roi, les
appartements, une lettre de madame de Sévigné, le coucher
du roi.

Près de vingt années se sont écoulées depuis les premières fêtes de Versailles, vingt ans dans la vie d'un homme le conduisent de la grande jeunesse à cet apogée de l'existence où il semble s'arrêter quelque temps avant d'entrer dans cette seconde partie de la vie pendant laquelle on descend le versant de la montagne. La gloire de Louis XIV à son radieux lever en 1664 était à son apogée en 1681. Ce n'était plus le jeune souverain mêlant les ballets et les carrousels à ses premières victoires, mais le conquérant qui, après la mort de Turenne et la retraite de Condé, n'a confié qu'à lui-même l'honneur de conduire ses armées au combat ; il a donné de nouvelles provinces à la France : la Franche-Comté, la Flandre presque entière et l'Alsace ; il a encouragé les lettres et les arts et les a aidés à s'élever à une hauteur qui n'a pas été égalée depuis. Son peuple reconnaissant lui a donné le nom de Grand. Sa grandeur comme ses conquêtes continuent à appartenir à la France, ce qu'on ne saurait dire de toutes les conquêtes. Sous ce glorieux règne, tout a eu un caractère durable : les œuvres de la plume comme celles de l'épée.

Ces vingt années ont apporté aussi bien des changements à la cour qui vint fixer avec Louis XIV son séjour à Versailles. Anne d'Autriche a depuis longtemps terminé sa carrière. La duchesse d'Orléans n'est plus cette Henriette d'Angleterre que Bossuet a rendue immortelle en déplorant sur son cercueil la jeunesse fanée dans sa fleur comme l'herbe des champs ; la duchesse d'Orléans est aujourd'hui la fille de l'électeur palatin. Entre elle et la première épouse de Philippe d'Orléans, rien de semblable. La princesse palatine est sans beauté ; elle conserve la rudesse un peu tudesque des mœurs allemandes ; d'une austère conduite, elle est d'un esprit original et d'une étrange liberté de langage. La reine Marie-Thérèse, dont les années n'ont guère changé la calme beauté, regarde avec amour et tristesse le seul fils qui ait survécu de ses nombreux enfants, et qu'on appelle le grand Dauphin ; cet ancien élève de Montausier et de Bossuet vient d'épouser une jeune princesse de Bavière. Les maisons d'Orléans et de Condé, nombreuses en jeunes princes et en charmantes princesses, forment le brillant complément de la famille royale. Villars, Luxembourg, Catinat, Duquesne et tant d'autres grands capitaines de terre et de mer entourent le roi, sans faire oublier Turenne, mort à Saltzbach, et le grand Condé qui, retiré à Chantilly, ne paraît désormais que rarement à Versailles; Bossuet, Bourdaloue, y représentent les gloires de l'Église; Corneille, Racine, Boileau, les gloires des lettres ; la Bruyère, la Fontaine et Molière, étudieront les mœurs, les passions et les ridicules de leur époque pour les transmettre à la postérité.

Parmi les femmes de la cour, nous ne retrouvons plus la mélancolique et tendre beauté de la duchesse de la Vallière, le cloître s'est déjà fermé sur elle ; mais au second plan de cette cour brillante qu'enchante le fin esprit de la marquise de Sévigné, nous apercevons la beauté sévère de la veuve du poëte Scarron, que l'on commence à appeler madame de Maintenon.

Enfin, ces vingt années ont amené Versailles à ce point de splendeur qui en fait le plus beau palais du monde, quoique le plan de Mansard, s'il en eut un, ait disparu dans les nombreux changements et agrandissements de l'œuvre première.

Le pavillon de Louis XIII en forme le centre; du côté du jardin il est masqué par le corps avancé où se trouve la grande galerie, et qui se déploie des deux côtés, de telle sorte qu'il présente la plus grande façade de tous les palais de France et peut-être du monde. Elle domine ce perron que la Fontaine appelle justement un *amphithéâtre superbe*, et qui descend de terrasse en terrasse presque jusqu'à ce tapis de verdure, à la suite duquel s'étend comme à l'infini cet autre tapis mouvant qu'on appelle le grand canal, et dont les eaux reflètent des bois charmants. Si après avoir jeté sur cet ensemble admirable un regard enchanté, et donné un regret à la fameuse grotte de Téthys qui, dès 1672, a fait place à une élégante chapelle, nous pénétrons dans les grands appartements, nous demeurons éblouis au milieu des chefs-d'œuvre que les arts y ont accumulés. Les groupes et les statues ont été taillés par le ciseau de Girardon, de Coustou et de Puget; Lebrun et Mignard en ont décoré les plafonds et les panneaux; les tapis de Turquie, alors fort rares, s'étendent sous nos pas; les plus riches tapisseries des Gobelins se soulèvent pour nous laisser pénétrer dans ces salles splendides où des caisses d'argent massif contiennent les plantes les plus rares et les plus magnifiques orangers. La salle de bal ou salon de Mars, où deux tribunes attendent l'orchestre joyeux et que décore le beau tableau de Lebrun, qui représente la famille de Darius, est éclatante de glaces d'une grandeur et d'une beauté rares, de tables d'argent massif, de girandoles de cristal, de vases de porphyre; éclairée de mille lumières, elle rappelle les féeries des salles du palais d'Aladin.

Comme nous l'avons dit, le reste du règne de Louis XIV se passa à Versailles. La vie intime du roi et de la cour, les plaisirs et les réceptions si brillantes des ambassades et des princes étrangers, les nouvelles si diverses des victoires et des revers, passeront sous nos yeux à mesure que nous avancerons dans cette étude.

Le roi, dit Dangeau, se levait ordinairement entre huit et neuf heures du matin. L'heure exacte du lever du roi était indiquée la veille au soir à un valet de la garde-robe qui logeait au rez-de-chaussée, à l'angle du vieux château. A peine le jour paraissait-il, que l'on voyait ceux des courtisans qui avaient le rare privilége d'assister au lever du roi se diriger vers l'appartement de ce valet, et bientôt les vitres s'ébranlaient sous les doigts des plus empressés. Le pauvre valet sortait de son lit à la hâte, ouvrait sa fenêtre, annonçait l'heure désirée et se recouchait en maugréant contre ceux qui n'avaient pas assez de troubler leur propre sommeil pour faire mieux leur cour au maître, mais qui encore venaient troubler celui d'un pauvre homme qui aurait bien voulu prolonger la cour qu'il faisait à Morphée. Un jour, le courtisan le plus matinal eut beau tambouriner avec ses doigts sur la vitre, notre homme ne bougea pas. Le seigneur surpris aperçut enfin une carte à jouer collée sur la vitre ; c'était un huit de carreau ou de cœur, j'ignore lequel, mais enfin c'était un huit, et notre courtisan s'écria : « Le roi aujourd'hui se lève à huit heures. » Dès lors le valet de la garde-robe dormit en paix. Plus tard un joli cadran sans mouvement, comme dans les montres des jouets d'enfants, remplaça l'ingénieuse carte, chaque soir l'aiguille était placée sur l'heure du lever du roi.

A cette heure ardemment attendue, la chambre du roi était ouverte au petit nombre des élus qui avaient le droit d'y pénétrer. Une balustrade divisait cette chambre en deux, et cette balustrade, au delà de laquelle se trouvait le lit, n'était franchie que par un très-petit nombre de seigneurs privilégiés. C'étaient les colonnes d'Hercule de l'étiquette. Les détails de la toilette du roi étaient soumis à une foule de règles invariables. Lorsqu'enfin elle était terminée, Louis XIV passait dans son cabinet afin de travailler avec ses ministres; ce cabinet du roi, dès cette époque occupait la même partie des appartements qu'aujourd'hui, mais non dans les mêmes proportions, on l'appelait aussi cabinet du conseil. Le conseil s'y tenait tous les jours, excepté le vendredi. « C'est ici, dit M. Vatout, qu'avec Colbert il signait ces édits qui allaient répandre la vie et la prospérité dans toutes les veines de l'État; avec Louvois, il traçait les plans des conquêtes qui ont immortalisé son nom; avec Torcy, il préparait les traités gardiens des intérêts et de l'honneur français; et à cette même place, il promettait à Villars, partant pour Denain, de s'ensevelir avec lui sous les ruines de la monarchie... Il donna dans ces mêmes lieux une grande preuve de son respect pour la justice. Le chancelier Voisin, ayant appris qu'un scélérat avait eu assez de crédit pour obtenir des lettres de grâces, vint trouver Louis XIV dans son cabinet :

« — Sire, lui dit-il, votre Majesté ne peut accorder des lettres de grâces dans un cas pareil.

« — Je les ai promises, répondit le roi, qui n'aimait pas à être contredit; allez me chercher les sceaux.

« — Mais, sire...

« — Faites ce que je veux. »

« Le chancelier apporte les sceaux, le roi scelle les lettres de grâces et rend les sceaux au chancelier.

« — Ils sont pollués, dit celui-ci en les repoussant sur la table, je ne les reprends plus. »

« Et le roi, ne prononçant que ces mots : « Quel
« homme ! » jette les lettres de grâces au feu. »

Le travail du roi durait jusqu'à midi et demi ; il
sortait ensuite pour se rendre à la chapelle, où il entendait la messe, entouré de la famille royale. Après la
messe venait le *dîner du roi* : c'est ici que l'étiquette
de ce règne semble arrivée à sa perfection Le roi dînait
en public. Les fils, filles, petits-fils, petites-filles de
France avaient seuls le droit de dîner au grand couvert ;
les princes du sang ne l'avaient que dans certaines circonstances, comme les mariages de la famille royale.
La table était entourée de balustrades derrière lesquelles
passait une foule curieuse de ce spectacle, qui était un
des grands plaisirs des provinciaux de cette époque.
Mais, si le roi était obligé de faire gras un jour maigre,
il mangeait seul et en particulier, ce qui amena de fré-
quentes déceptions pour plus d'un provincial ignorant
cet usage. Il n'était pas permis au roi et à la reine de
manger ni de boire comme tout le monde. « Le maître
d'hôtel portait le *bâton* qui était la marque distinctive
de sa charge devant la viande au dîner du roi ou de la
reine. La *nef* était un vase de vermeil, en forme de na-
vire, sur lequel se faisait le *prit* ou l'*essai*. Le gentilhomme servant faisait faire au chef du gobelet l'*essai*
du pain, du sel, des serviettes, de la cuiller, de la four-
chette, du couteau et des cure-dents qui devaient servir au roi et à la reine, ce qui se faisait en touchant
successivement tous ces objets avec un petit morceau
de pain que mangeait ensuite le chef du gobelet. »

Le roi avait-il soif, « celui qui sert d'échanson, lorsque le roi a demandé à boire, aussitôt crie tout haut : « A boire pour le roi ! » fait la révérence à Sa Majesté, vient au buffet prendre des mains du chef d'*échansonnerie-bouche* la soucoupe d'or garnie du verre couvert et de deux carafes de cristal, pleines de vin et d'eau ; puis revient précédé du chef et suivi de l'aide du *gobelet-échansonnerie-bouche*. Alors tous trois arrivés à la table du roi, ils font la révérence, le chef se range de côté et le gentilhomme servant verse des carafes un peu de vin et d'eau dans l'*essai* ou petite tasse de vermeil doré que tient le chef du gobelet. Puis ce chef du gobelet reverse la moitié de ce qui lui a été versé dans l'autre essai ou petite tasse de vermeil qui lui est présentée par son aide. Pour lors, le chef du *gobelet-échansonnerie-bouche* fait l'essai, et le gentilhomme servant le fait après, puis remet entre les mains dudit chef du gobelet la tasse dont il a fait l'essai, et ce chef les rend toutes deux à l'aide. Vous remarquerez que ces deux petites tasses sont aussi appelées *essais*. L'essai fait de cette sorte à la vue du roi, le gentilhomme servant fait encore la révérence devant Sa Majesté, lui découvre le verre et lui présente en même temps la soucoupe où sont les carafes. Le roi se sert lui-même le vin et l'eau, puis, ayant bu et remis le verre sur la soucoupe, le gentilhomme servant recouvre le verre, reprend la soucoupe avec ce qui est dessus, fait encore la révérence devant le roi ; ensuite il rend le tout au même chef d'échansonnerie bouche, qui les rapporte au buffet. »

Cette cérémonis tellement compliquée devait rendre, ce me semble, les rois sobres, et le cri de : « Le roi boit ! » y dut sans doute son origine, car c'était vraiment un evénement. Sortons donc avec madame de Sévigné du dîner du roi : « Il n'est pas besoin de se faire étouffer pendant que Leurs Majestés sont à table, car à trois heures le roi, la reine, Monsieur, Madame, Mademoiselle, tout ce qu'il y a de princes et de princesses, madame de Montespan, toute sa suite, tous les courtisans, toutes les dames, enfin ce qui s'appelle la cour de France, se trouve dans ce bel appartement du roi que vous connaissez. Tout est meublé divinement, tout est magnifique. On ne sait ce que c'est que d'avoir chaud, on passe d'un lieu à l'autre sans faire la presse nulle part. Un jeu de reversi donne la forme et fixe tout. Le roi est auprès de madame de Maintenon, qui tient la carte ; Monsieur, la reine et madame de Soubise, Dangeau et compagnie, Langlée et compagnie ; mille louis sont répandus sur le tapis. Il n'y a pas d'autres jetons. Je voyais jouer Dangeau et j'admirais combien nous sommes sots au jeu auprès de lui. Il ne songe qu'à son affaire, et gagne où les autres perdent ; il ne néglige rien, il profite de tout ; il n'est point distrait ; en un mot, sa bonne conduite défie la fortune ; aussi les deux cent mille francs en dix jours, les cent mille écus en un mois, tout cela se met sur le livre de sa recette. Il dit que je prenais part à son jeu, de sorte que je fus assise très-agréablement et très-commodément. Je saluai le roi, ainsi que vous me l'avez appris ; il me rendit mon salut. La reine me parla longtemps de ma maladie,

M. le duc me fit mille de ces caresses à quoi il ne pense pas. Le maréchal de Lorges m'attaqua sous le nom de chevalier de Grignan; enfin *tutti quanti*. Vous savez ce que c'est que de recevoir un mot de tout ce que l'on trouve en son chemin... Cette agréable confusion, sans confusion, de tout ce qu'il y a de plus choisi, dure depuis trois heures jusqu'à six. S'il vient des courriers, le roi se retire un moment pour lire ses lettres, puis revient. Il y a toujours quelque musique qu'il écoute, et qui fait un très-bon effet. Il cause avec les dames qui ont accoutumé d'avoir cet honneur. Enfin, il quitte le jeu à six heures; on n'a point du tout de peine à faire les comptes; il n'y a point de jetons ni de marques; les poules sont au moins de cinq, six à sept cents louis, les grosses de mille, de douze cents. On en met d'abord vingt chacun, c'est cent; et puis celui qui fait en met dix. On donne chacun quatre louis à celui qui a la quinola; on passe, et quand on fait jouer et qu'on ne prend pas la poule, on en met seize à la poule, pour apprendre à jouer mal à propos. On parle sans cesse, et rien ne demeure sur le cœur. Combien avez-vous de cœurs? J'en ai deux, j'en ai trois, j'en ai un, j'en ai quatre; il n'y en a que huit, que quatre, et Dangeau est ravi de tout ce caquet : il découvre le jeu, et tire ses conséquences; il voit à qui il a affaire; enfin, j'étais fort aise de voir cet excès d'habileté : vraiment, c'est bien lui qui sait le dessous des cartes. On monte donc à six heures en calèche, le roi, madame de Montespan, monsieur et madame de Thianges, et la bonne d'Hendicourt sur le

2.

strapontin, c'est-à-dire comme en paradis, ou dans la gloire de Niquée. Vous savez comme ces calèches sont faites ; on ne se regarde point, on est tourné du même côté. La reine était dans une autre avec les princesses, et ensuite tout le monde attroupé, selon sa fantaisie. On va sur le canal dans des gondoles, on trouve de la musique ; on revient à dix heures, on trouve la comédie ; minuit sonne, on fait *médianoche ;* voilà comme se passe le samedi. »

Enfin venait le *coucher du roi.* Cet acte si simple pour un particulier était, comme le lever du souverain, très-important. Au grand coucher du roi, où assistaient quelques privilégiés, l'aumônier de service tenait le bougeoir (le roi seul de tous les princes avait un bougeoir à deux bobèches, et par conséquent à deux bougies), pendant que le roi faisait ses prières à la ruelle de son lit agenouillé sur deux coussins préparé à terre devant un fauteuil. Après la prière du roi, le premier valet de chambre prenait le bougeoir des mains de l'aumônier, alors le grand chambellan ou le premier gentilhomme de la chambre demandait au roi à qui il voulait donner le bougeoir. « Sa Majesté ayant parcouru des yeux l'assemblée, dit un contemporain, nomme celui à qui il veut faire cet honneur. Le roi le fait donner plus ordinairement aux princes et seigneurs étrangers quand il s'en rencontre. » Le roi, déshabillé et ayant pris sa chemise de nuit, « fait une révérence pour donner le bonsoir aux courtisans. Le premier valet de chambre reprend le bougeoir au seigneur qui le tenait. Les huissiers de la chambre crient tout haut : « Allons, messieurs, passez. » Toute la cour se retire, et il ne reste dans la chambre que ceux qui ont droit d'assister au petit coucher du roi.

IV

Plaisirs des Princes. — Une chasse du grand Dauphin. — Naissance du duc de Bourgogne ; la harangue des marguilliers. — Mort de la reine Marie-Thérèse.

Nous avons raconté la journée de Louis XIV. Nous avons vu dans quels singuliers détails entrait l'étiquette. Si les courtisans y échappaient au moins en dehors de la cour, pour le roi il n'y avait pas une de ses actions qui n'y fût soumise, et, comme c'était une véritable science et une science fort compliquée, il arrivait souvent qu'elle était plus que gênante. Ainsi, un jour, dans une promenade le chapeau du roi fut emporté fort loin par un coup de vent ; on s'empressa de lui en apporter un autre, et il était au moment de le prendre de la main du courtisan qui le lui présentait lorsqu'un autre seigneur l'arrête respectueusement, déclarant que lui seul a le droit de présenter le chapeau au roi. Une contestation s'élève, le roi n'ose juger le différend et préfère rentrer tête nue au château. Quand on pense à l'aïeul de Louis XIV au roi Henri, on se dit qu'il n'y mettait pas tant de façon; l'étiquette n'est pas française, elle n'est pas dans nos mœurs, et c'est à la cour d'Espagne que nous la devons. Anne d'Autriche y forma Louis XIV dès l'enfance, et, lorsque plus tard il s'y soumit lui-même, c'est que rien ne pouvait mieux l'aider dans cette séparation établie entre la royauté et les sujets et lui donner cette sorte de prestige presque sacré qu'elle avait perdue depuis François Ier dans les guerres de religion, dans les révoltes civiles et surtout pendant la Fronde où à tout instant elle recevait le choc populaire ; l'étiquette était une barrière, un respect apparent qui pouvait au besoin tenir place du véritable respect.

La lettre de madame de Sévigné nous a donné quelque idée des plaisirs habituels de Versailles ; le parc, les bois, le canal, offraient pour cela mille ressources.

La Dauphine, fatiguée de continuelles grossesses, préférait à tout la promenade en voiture, et le roi l'accompagnait presque toujours ; le but de ses excursions était généralement Trianon, où une splendide collation attendait la princesse, ce qui avait fait surnommer le Trianon d'alors, le pavillon de porcelaine à faire des collations. Ce pavillon fut depuis remplacé par le charmant palais qui existe encore. Le Dauphin, qui était menacé d'un embonpoint prématuré, se livrait de préférence aux exercices violents, courses, luttes, exercices de natation, qui, l'hiver, étaient remplacés par de savants patinages. Le parc de Versailles a sa beauté d'hiver, c'est alors que ces ifs un peu monotones ont le grand mérite de leur verdure éternelle ; la belle nappe du grand canal, cristallisée par le froid, offre un théâtre vaste et sans danger pour ces courses en traîneau et ces habiles glissades que nos zones tempérées ne nous permettent que pendant si peu de jours. Les femmes de la cour, enveloppées des plus riches fourrures, occupaient des traînaux dorés et peints avec beaucoup d'art, si l'on en juge par ceux que l'on a conservés. Les formes les plus gracieuses sont données à ces chars légers qui semblaient ceux des divinités de la mythologie, lorsqu'à la lumière de mille torches ils glissaient sur cette glace brillante, poursuivis par les plus élégants patineurs.

Enfin parmi tous les plaisirs de Versailles, n'oublions pas la chasse, qui avait fait primitivement toute la faveur de ce *favori sans mérite*. La chasse est le plaisir des rois et des princes, et les chasses de Louis XIV ont été reproduites par l'habile pinceau de Van der Meulen de façon à ne pas laisser oublier leur splendeur.

Le grand Dauphin aimait passionnément cet exercice et il fut peut-être le premier chasseur de France ; les faiseurs d'épigrammes ont prétendu que le plus grand bien qu'il fît à son pays fut de délivrer les environs de Paris des loups fort nombreux alors dans toutes les forêts qui entouraient la capitale. Parmi ses chiens on remarquait quatre-vingt *coureurs* d'une beauté rare. Les chasses habituelles du Dauphin avaient pour théâtre les bois de Versailles ; un jour entraîné par l'ardeur de sa meute, il se trouva surpris par la nuit et séparé de sa chasse, seul avec le grand prieur. Complétement égarés, ils faisaient de vains efforts pour retrouver leur chemin au milieu du taillis. Ils aperçurent de loin une petite lumière qui indiquait une habitation et les rassura contre l'éventualité peu agréable de passer à la belle étoile une froide nuit d'hiver. Ils se dirigent donc vers cette habitation et se trouvent bientôt dans un modeste hameau de la lisière du bois; c'est un bon curé qui ouvre la porte à laquelle ils frappent, leur demandant s'il faut les accompagner près de quelque malade qui l'appelle à cette heure avancée. « Non, monsieur le curé, répond le prince, vous voyez en nous des chasseurs égarés qui ont faim et froid, et viennent vous demander l'hospitalité. » Le prêtre ouvre ses armoires, y trouve fort à propos un gigot qu'il laisse à ses hôtes le soin de faire cuire au feu pétillant qu'il vient d'allumer, tandis qu'il ira lui-même chercher chez quelque voisin un vin meilleur que le sien.

Voici donc le grand prieur de France installé à tourner la broche. « Et nos chevaux, s'écrie le Dauphin, ne trouverons-nous pas un peu de paille ou de foin pour ces pauvres bêtes ? — Monseigneur, répond le prieur, je ne puis tout faire à la fois, que vous plait-il donc, être palfrenier ou cuisinier. — Cuisinier ! » reprend le prince en s'emparant du tournebroche, tandis que son compagnon d'aventure se dirige vers le grenier.

Il paraît que le fils de France était né rôtisseur, car

il est certain qu'il n'avait pas appris ce métier, quoiqu'il s'en acquitât très-bien et que le repas fût fort joyeux. Notre curé, ravi de ses hôtes, leur abandonna son unique lit, allant chercher lui-même hospitalité chez un de ses paroissiens et leur promettant de venir de bonne heure chargé de provisions pour le déjeuner.

Il revint en effet ; mais que trouva-t-il ? Il trouva porte ouverte et maison vide, car la chasse à la recherche du prince était arrivée de ce côté et le bruit des fanfares avait éveillé le Dauphin, qui s'était empressé de remonter en selle. Notre curé, qui ignorait ce détail, resta convaincu qu'il avait eu à faire à des voleurs, qui, dès l'aurore, avaient voulu échapper aux recherches de la maréchaussée.

Quelques jours après, le vieux prêtre disait son bréviaire au coin du feu, lorsque arrive un courrier de Versailles qui lui intime l'ordre de se rendre au château. Fort intrigué et un peu inquiet de ce que peut lui vouloir Sa Majesté, il arrive à la cour. Tout ébloui de ce luxe au milieu duquel il se trouve pour la première fois, il attend modestement les ordres de Louis XIV. « Monsieur le curé, lui dit ce prince, votre vertu, votre piété, me sont connues. » L'introduction était flatteuse et rassurait déjà le pauvre homme. « Aussi, ajouta le roi, j'ai lieu de m'étonner que votre presbytère soit l'asile des larrons. » Notre curé tombe du ciel en enfer, ce n'est pas trop dire. Comment cette désagréable aventure est-elle parvenue aux oreilles du roi, et quelle disgrâce, des voleurs — car cette fois il n'en faut pas douter, ce sont des voleurs — quelle disgrâce vont-ils lui attirer.

Il tâche de répondre, mêlant la charité, la pitié, la nuit
noire, ces affreux voleurs qui avaient pourtant l'air bien
honnêtes, etc. Le roi le tire d'embarras en lui demandant s'il pourrait les reconnaître. « Oh ! oui ! Sire s'écrie
le curé, ayant retrouvé son aplomb, en voilà un, dit-il
en désignant le grand prieur qui entrait ; et mais voilà
l'autre, » car le grand Dauphin suivait. « Puisque vous
les reconnaissez si bien, je vous ferai bonne justice. »

Notre curé, qui avait osé lever les yeux, voyant les
honneurs que la cour rendait à un de ses voleurs, se
confondait en excuses et ne doutait pas que sa simplicité ne lui nuisît plus encore que sa charité. « Allez, lui
dit Louis XIV, logez toujours dans votre maison de tels
larrons, et souvenez-vous de moi dans vos prières. »

Une pension de 500 écus paya largement la dépense
des chasseurs égarés.

Aucun événement ne s'était encore passé dans la famille royale à Versailles, lorsqu'y naquit le 6 août 1682
le fils aîné du Dauphin. Ces fils de nos rois étaient justement appelés fils de France, car la nation entière prenait part à la joie de la famille royale, comme une joie
personnelle à chaque famille du royaume. L'enfant était
né à l'hôtel de la surintendance. Louis XIV, qui se montra en public aussitôt, pour l'annoncer lui-même au
peuple, fut porté par la foule, non seulement jusqu'au
château, mais jusque dans ses appartements. L'étiquette
était vraiment bien loin en ce moment, et personne n'y
pensait. La foule envahissait le château, en poussant des
cris d'allégresse et de délire, pénétrant dans les grands
appartements et ne faisant même pas attention à ces

merveilles, que jusqu'alors elle n'avait pas été appelée
à admirer. Bientôt des flammes brillantes s'élevèrent
dans toutes les cours, chacun y jetait ce qu'il trouvait
sous sa main, de telle sorte que les magnifiques parquets
destinés à la galerie de glaces se trouvèrent au milieu
des feux de joie. Le roi en l'apprenant se mit à rire,
disant : « Qu'on les laisse s'amuser. » Puis il ordonna que désormais, deux fois par semaine, les appartements du château seraient ouverts à la curiosité
publique.

La ville de Versailles était déjà en possession d'une
bourgeoisie, dont l'amour-propre voulut faire acte
de personnalité à l'occasion de la naissance du duc
de Bourgogne. Ses principaux membres, marguilliers
de l'unique paroisse de Saint-Julien, demandèrent
donc à Bontemps, gouverneur de Versailles et premier
valet de chambre du roi, de leur obtenir une audience·
Non-seulement l'excellent Bontemps asquiesça à leur
demande ; mais il voulut encore les introduire lui-même
près de Sa Majesté. Louis XIV les reçoit en grande cérémonie dans un des salons des grands appartements, et
Bontemps, se dissimutant modestement, laisse au premier des marguilliers l'honneur de haranguer le roi.
Le pauvre homme, apparemment fort troublé, ouvre la
bouche, non pour débiter son compliment, mais pour
entonner à pleine voix le *Domine salvum* ; les autres
habitués à suivre leur chef de file répondent sur le
même ton. Le roi, qui ne s'attendait pas à ce genre de
discours, en perdit sa royale gravité, et les seigneurs
qui l'entouraient furent heureux de cette permission de

donner cours à l'hilarité qu'ils retenaient à grand'peine.

Une année s'était à peine écoulée depuis la naissance si fêtée du petit prince, quand mourut la reine Marie-Thérèse, car hélas! dans les palais des rois, comme dans les chaumières du pauvre, les larmes succèdent à la joie. Effacée au milieu des étoiles trop brillantes de la cour, Marie-Thérèse est peu connue; mais, en la jugeant sur l'hommage tardif que lui rendit son royal époux, s'écriant lors qu'elle mourut: « Voici le premier chagrin qu'elle me donne ! » on est assuré que cette princesse fut bonne, douce et patiente.

On n'avait pu lui appliquer ce mot jadis si répété, et que la destinée si malheureuse et si tragique de Marie-Antoinette a rayé de notre langue : « Heureuse comme une reine ! » Si la femme de Louis XIV, dans les veines de laquelle coulait le fier sang espagnol, dut estimer de quelque prix le partage du trône de France et du diadème, porté si haut par le grand roi; combien ne versa-t-elle pas de larmes en silence ! Ces larmes, que toute jeune elle avait cachées dans le sein de sa tante, devenue sa mère, elle les dérobait à tous depuis la mort d'Anne d'Autriche. Cependant, dans les dernières années de cette vie si enviée et si peu enviable, une autre femme avait employé le singulier empire, que ses rares vertus lui avaient acquis sur le cœur du roi, à adoucir les chagrins de cette princesse; aussi, au moment où Marie-Thérèse allait rendre le dernier soupir, elle chercha des yeux cette amie si loyale, et, l'attirant près d'elle, elle ôta une bague qu'elle ne quittait jamais et la lui donna en prononçant ces dernières paroles : « Conservez ce gage de mon estime et de ma reconnaissance.» Madame de Maintenon, car c'était elle, baisa en pleurant la main de cette reine, dont la mort devait changer d'une manière si merveilleuse sa propre destinée.

V

Bombardement des ports africains. — Ambassade d'Alger. —
Curieuse harangue. — Bombardement de Gênes. — Ambassade de Gênes; une audience royale; visite du doge à Versailles. Trianon, l'orangerie, les potagers; la Galerie des Glaces. — Un bal. — Départ du doge.

Si maintenant la Méditerrannée semble un magnifique canal baignant deux rives françaises, il n'en était
point ainsi naguère, et ses flots où se reflète avec tant
de limpidité l'admirable ciel du Midi devenaient à tout
instant le théâtre de combats acharnés entre les bâtiments de notre marine marchande, qui rapportaient à
Marseille les richesses de l'Orient, et les pirates africains
qui ravissaient à notre commerce la plus grande partie
de ces richesses pour les entasser dans les ports de Tunis et d'Alger. Lorsque nos vaillants navigateurs cô-
toyaient ces côtes dangereuses, ils frémissaient en aper-
cevant, courbés sur le sol musulman de nombreux es-
claves chrétiens.

Louis XIV avait le cœur trop haut pour souffrir un

pareil état de choses. Il chargea Duquesne, Tourville et d'Estrées de sa juste vengeance, et bientôt les vaisseaux des pirates brûlés, les ports de Tunis et d'Alger bombardés, amenèrent à Versailles les envoyés tremblants du dey. Les Orientaux, chargés de présents parmi lesquels figuraient douze magnifiques chevaux barbes, crurent, en entrant à Versailles pénétrer dans le palais de Salomon, et leur imagination orientale leur suggéra une harangue singulière dans laquelle, comparant Louis XIV au grand roi de l'Ecriture, ils lui dirent que le dey prenait la hardiesse de lui faire un petit présent, qu'il espérait que Sa Majesté ne dédaignerait pas, puisque Salomon avait bien reçu la *cuisse de sauterelle* que la fourmi lui avait présentée. Je me demande jusqu'à quel point les magnifiques coursiers arabes eussent été flattés s'ils avaient compris qu'on les comparait à une cuisse de sauterelle!

Cependant le bruit du bombardement des ports africains avait retenti sur les côtes d'Italie, et Gênes la Superbe, qui avait osé porter secours aux pirates, tremblait pour son propre sort; Louis XIV, en effet, n'oubliait pas une injure. Cette fois, Duquesne encore, uni au jeune et brave Seignelay, fils de Colbert, conduisit contre la cité Italienne la flotte victorieuse, et les galiotes inventées pour le siège d'Alger lancèrent cent quatorze mille bombes sans respect pour les palais de marbre de la ville consternée. Elle abaissa son orgueil et implora le pardon de la France. Les conditions de Louis le Grand sont dures et cependant l'altière république les accepte : ce n'est pas un ambassadeur ordinaire qui se présentera à Versailles pour porter des paroles de soumission, ce sera le doge lui-même.

Un an, jour pour jour après le bombardement de Gênes, en mai 1685, glorieux anniversaire pour la France autant que douloureux pour le doge, ce fier descendant de l'illustre maison Italienne des Liscari, les équipages les plus splendides s'arrêtèrent devant la demeure où il était *incognito* depuis quelques mois, ne voulant ou ne devant paraître aux yeux du public que le jour de sa réception à Versailles. Les voitures de la cour arrivèrent aussi dès sept heures du matin, le roi envoyait son propre carrosse et celui de Madame la Dauphine au prince italien, et M. de Bonneuil, introducteur des ambassadeurs, vint en personne le chercher. Les abords de l'hôtel étaient envahis par la foule curieuse, et bientôt elle vit paraître le doge et les quatre sénateurs qui l'accompagnaient et dont l'un portait le nom de Garibaldi. Le doge était revêtu d'une robe de velours cramoisi avec des ailerons, son bonnet de même étoffe, et à quatre côtés aboutissant à une houppe de soie de même couleur avec une corne au-devant qui sert à l'ôter. Il avait une fraise fort petite. L'habit des quatre sénateurs était noir et leur fraise égale à celle du doge[1].

Les voitures que le prince italien avait fait faire à Paris pour cette cérémonie étaient de véritables chefs-d'œuvre de luxe et d'art; l'intérieur était de velours rouge et de velours blanc, les panneaux peints avec richesse représentaient des scènes mythologiques; la première de ces voitures, celle du doge, ajoutait aux pein-

[1] Mercure.

tures et aux sculptures dorées le temple de Janus fondateur mythologique de Gênes; ce temple s'élevait en dôme au-dessus de ce superbe carrosse et était entouré de dieux, d'amours, de figures allégoriques qui en faisaient un véritable monument; la livrée du doge était d'un éclat digne de tant de richesse, le drap en était écarlate, chamarré de galons bleus, or et cramoisi.

La foule qui attendait à Versailles aux abords du château vit bientôt apparaître par la royale avenue de Paris ce cortége merveilleux. Douze pages bien montés parurent d'abord, puis, marchant deux à deux, soixante-dix valets de pied portant la livrée du doge, ensuite venaient les carrosses, celui du roi occupé par M. de Bonneuil, le doge et les quatre sénateurs, celui de la Dauphine occupé par des seigneurs génois, puis ceux du doge vides ou remplis par d'autres personnages. Il était onze heures du matin, le cortége avait donc mis quatre heures à faire ce chemin au milieu d'une foule toujours croissante telle qu'arrivé aux cours du château, les gardes de la porte eurent grand'peine à faire ranger le peuple.

Lorsque des ambassadeurs étaient reçus à Versailles, ils descendaient de leur carrosse dans une vaste salle appelée, à cause de cela, la salle de descente et s'y reposaient quelque temps avant l'audience. Cette salle était séparée de l'escalier du grand appartement par une cour. Au bout d'une heure et demie d'attente, M. de Bonneuil vint chercher le doge pour le conduire à l'audience, tout le cortége traversa cette cour au milieu d'un flot de curieux dont l'affluence était telle, qu'à peine les efforts des gardes de la prévôté purent maintenir le passage libre.

Le grand escalier présentait le plus beau coup d'œil ; il était bordé des deux côtés par les cent-suisses dans leur brillant uniforme et se terminait à la salle des gardes du corps qui, ce jour là, étaient en haie et sous les armes.

Les domestiques ou, si vous voulez, la livrée du doge s'arrêta au pied de l'escalier, les pages avancèrent un peu plus, mais ne pénétrèrent pas dans les appartements, où les gentilshommes seuls précédèrent le doge, qui avait un sénateur à sa droite et M. de Bonneuil à sa gauche ; les trois autres sénateurs suivaient sur une même ligne.

Nous connaissons déjà ces grands appartements de Versailles ; la galerie des glaces était ouverte et l'on apercevait en y entrant le roi sur un magnifique trône élevé dans le grand salon qui termine cette admirable galerie. Tout ce qui pouvait avoir une entrée à Versailles était là, si bien que ces immenses appartements étaient encombrés de la foule la plus brillante et la plus parée.

Le maréchal duc de Duras, capitaine des gardes du corps en quartier ayant reçu le doge à la porte de leur salle, l'accompagna jusqu'au pied du trône.

Le trône d'argent massif, surmonté d'un dais d'argent était élevé de deux degrés recouverts du plus splendide tapis où rayonnaient le soleil et ses attributs. Le roi portait un de ces costumes dont les riches étoffes disparaissaient sous l'éclat de plusieurs millions de diamants. A la droite du souverain se tenait Monseigneur le grand Dauphin, et à sa gauche Monsieur, frère du roi ; ce

3.

groupe royal était entouré des princes du sang et des officiers ayant rang proche de la personne du roi dans de pareilles cérémonies : « Dès que le doge eut aperçu le roi et remarqué qu'il en pouvait être reconnu, il se découvrit, il avança encore quelque pas, et fit ensuite, et les sénateurs en même temps, deux profondes révérences à Sa Majesté. Le roi se leva et répondit à ces révérences en levant un peu son chapeau, et après quoi ce monarque leur fit signe d'approcher, comme en les appelant de la main. Le doge monta alors sur le premier degré du trône, où il fit une troisième révérence ainsi que les quatre sénateurs. Le roi et le doge se couvrirent ensuite. Tous les princes firent de même et les quatre sénateurs demeurèrent découverts. » *(Mercure)*.

Le moment était solennel, Louis XIV dans tout l'appareil de sa puissance, dominant du haut de son trône de Versailles la France et l'Europe, écouta avec dignité et bienveillance les soumissions qu'un autre prince malheureux et digne aussi dans son revers venait faire au nom de sa patrie à la France victorieuse. Son discours où l'on remarquait une noblesse sans hauteur, une soumission sans bassesse, plut d'autant plus qu'il s'y trouvait beaucoup d'esprit. La réponse de Louis XIV fut si pleine de bonté, que sortant de cette audience pénible à sa fierté, le doge disait : « Il y a un an que nous étions en enfer et aujourd'hui nous sortons du paradis. »

Une splendide collation servie par les officiers du roi lui fut offerte. Les dames vinrent en grand nombre assister à ce repas, et le prince italien leur offrit galamment les plus magnifiques fruits de sa table.

Après cet agréable repas, le doge se rendit chez le Dauphin avec le même cérémonial que chez le roi, et y fut reçu avec toute l'aimable cordialité qui distinguait le fils de France. La Dauphine le reçut ensuite au milieu d'une cour de princesses et de grandes dames, et l'enchanta par sa conversation spirituelle et variée dans l'italien le plus pur. Après une semblable visite à tous les princes et princesses du sang qui habitaient Versailles, reçu par celles-ci assises sur leur lit, usage de la cour qui, parait-il, retranchait beaucoup de cérémonial, il reprit le chemin de Paris.

Le doge qui, en entrant à Versailles, disait que « ce qui l'y étonnait le plus c'était de s'y voir, » encouragé par l'accueil de Louis XIV, s'empressa d'y revenir. A sa seconde visite, il assista au dîner du roi, car n'étant reçu que comme ambassadeur extraordinaire et non comme souverain, il ne pouvait dîner avec Louis XIV. Aussitôt après ce repas, le carrosse royal attelé de huit chevaux vint prendre *Sa Sérénité* pour la conduire à Trianon, l'une des merveilles de Versailles. Ce n'était plus le pavillon de porcelaine à faire des collations, mais le ravissant palais de marbre rose italien où le talent de Mansard s'est complu dans les lignes les plus pures et les plus élégants détails. Les jardins que le Nôtre y avait tracés dominaient l'extrémité du grand canal et répandaient au loin le parfum des fleurs les plus variées. Trianon possédait même ce qui manquait alors au palais de Versailles, une salle de spectacle. Ce palais ne fut terminé qu'en 1687.

Le prince italien croyait avoir retrouvé l'un des pa-

lais de sa ville de marbre. Cependant il fallut quitter ce
site enchanteur : il remonta le grand canal en gondole
accompagné d'une partie de la cour et suivi de bateaux
de musiciens qui rendaient cette promenade poétique et
charmante. Il visita cette magnifique orangerie dont les
escaliers sont une merveille de grandeur — les marches
ont soixante pieds de large, — et qui conserve sous un
climat sévère de si magnifiques arbres que l'un d'entre
eux était encore dans toute sa vigueur il y a quelques
années. Cet oranger, appelé le Grand Bourbon, était
déjà là plein de vie dans ces serres gigantesques à
l'époque dont nous parlons, car on lui donne quatre
cents ans d'existence. Les potagers que la Qintinie avait
créés dans un terrain très-défectueux intéressèrent également le prince, qui admira les primeurs les plus
rares, les fruits les plus beaux dont ils étaient constamment remplis.

Chaque année, quelque chose de nouveau augmen-
tait la beauté et l'agrément de la résidence royale.
Aussi les ouvriers y étaient employés en tel nombre,
que le doge disait « qu'il y avait là plus d'ouvriers
et d'officiers que d'assez puissants souverains n'avaient
de soldats. »

Le prince italien avait vu le palais de Versailles dans
toute la splendeur de la plus auguste des cérémonies,
l'audience royale ; il allait le voir sous le plus brillant,
le plus merveilleux aspect. La grande galerie était terminée, Mignard et Lebrun en avaient orné les panneaux
et les plafonds ; des inscriptions de Boileau et de Racine
racontaient les gloires de ce règne. Ces inscriptions

avaient donné lieu à de nombreuses réunions qui furent
l'origine de l'Académie des inscriptions. Une orfévrerie
merveilleuse et dont les ciselures et le travail dépas-
saient la valeur du métal se reflétait dans les glaces ;
mille lumières jaillissaient des candélabres et des girandoles ; telle était la salle de bal où une fête éblouissante
réunissait les princesses parées des plus riches toilettes,
toutes ces jeunes femmes de la cour si ravissantes sous
leurs fleurs et leurs pierreries, tous ces jeunes seigneurs
dont quelques-uns étaient des héros vainqueurs dans
plusieurs batailles, et qui, revêtus d'habits brodés
de diamants et ornés de dentelles, oubliaient tout,
en ce moment, pour se livrer au plaisir de la danse,
mais d'une danse noble, majestueuse et fière comme
l'était alors la danse française ; tel fut le spectacle
enchanteur dont Louis XIV fit lui-même les honneurs au doge. Il le plaça de manière à voir toute la
cour et vint plusieurs fois lui parler avec une bonté
et une simplicité qui faisaient dire au doge ravi :
« Le roi ôte à nos cœurs la liberté par la manière
dont il nous reçoit, mais les ministres nous la rendent. »

Le 26 mai Louis XIV donna au doge l'audience d'a-
dieux dans laquelle on observa le même cérémonial que
dans la première, et le roi lui remit son portrait enrichi de diamants ainsi que de belles tapisseries des
Gobelins. En quittant une dernière fois Versailles le
prince italien disait que « le chagrin qu'il éprouvait de
quitter la France était presque aussi grand que celui
qu'il avait éprouvé d'être obligé d'y venir. »

C'est ainsi que la France, qui sait vaincre, sait aussi rendre honneur aux vaincus.

La présence du doge à Versailles n'échappa pas aux nombreux poëtes toujours prêts à chanter les grandeurs de Louis XIV.

Une de ces pièces de vers nous paraît assez curieuse et montre la fierté française en même temps que l'espèce de culte que l'on rendait au roi. Elle est attribuée à mademoiselle de Scudéry, qui met ses vers dans la bouche d'une fauvette :

J'ai trouvé sur mon passage
Un spectacle fort nouveau :
Pour m'expliquer davantage
C'est le doge et son troupeau.

« Quoi ! lui dis-je, entrer en France
Et vous montrer en ces lieux ?
— Oui, dit-il, par la clémence
Du plus grand des demy-dieux.

Son cœur, toujours magnanime,
Ne pouvant se démentir,
Veut oublier notre crime,
Voyant notre repentir.

— Ah ! m'écriai-je ravie,
Ce héros, par son grand cœur,
Pardonne à qui s'humilie,
Et de lui-même est vainqueur,

Dieu! quel bonheur est le vôtre
D'aller recevoir sa loy,
Je n'en voudrais jamais d'autre ;
Mais ce bien n'est pas pour moy.

Allez, doge, allez sans peine
Luy rendre grâces à genoux,
La république romaine
En eust fait autant que vous.

Ici la fauvette raconte longuement les gloires de
Louis XIV, qu'elle résume dans des vers qui ne man-
quent ni de nombre ni d'éclat.

VI

Versailles ne vit pas que des *ambassades forcées* ; la renommée avait porté aux confins de l'Europe et jusqu'en Asie le nom de Louis XIV et les merveilles de son palais.

Les czars Jean et Pierre Alexowitz régnaient à Moscou. Leur admiration pour Louis le Grand était sans bornes, et, afin de la témoigner particulièrement, ils tinrent à ce que les ambassadeurs qu'ils lui envoyaient partissent de Moscou et voyageassent sans s'arrêter jusqu'à ce qu'ils fussent arrivés à Versailles d'où ils reviendraient de même.

Le roi les reçut dans les grands appartements où il avait fait porter le trône. Une suite de cinquante personnes accompagnait ces ambassadeurs, choisis parmi les premières familles de la vieille Russie. Ils ne prononcèrent aucune harangue, mais baisèrent la main du roi après s'être prosternés plusieurs fois devant lui et déposèrent aux pieds du trône les présents riches et curieux des czars parmi lesquels se trouvaient une délicieuse petite martre zibeline vivante et un oiseau de proie rare en Russie, inconnu en France, qui seul vole contre l'aigle. Louis XIV ne fut pas moins magnifique, et il donna comme présent personnel à l'un des ambassadeurs son portrait entouré de diamants. Celui-ci, qui était passionnément admirateur du roi, s'empressa de l'attacher à sa coiffure, à peu près comme une cocarde, jurant de le porter ainsi toute sa vie et d'ordonner à sa femme et à ses enfants de le porter de même après sa mort.

Louis XIV, sachant le goût très-vif des Russes pour tout exercice militaire, voulut leur donner une fête de ce genre. Les brillants mousquetaires furent convoqués dans la cour du palais et exécutèrent en présence des Moscovites leurs différents exercices avec une précision telle, que ces étrangers prétendaient qu'ils semblaient se mouvoir par un même ressort.

Admis plusieurs fois à la cour, les seigneurs russes étonnèrent tout le monde par leur habileté à jouer aux échecs ; aucun de nos joueurs ne pouvait rivaliser avec eux.

Ce voyage répandit en France un grand nombre de belles fourrures jusque-là à peu près inconnues, car la suite des ambassadeurs, recevant pour tout payement

des fourrures et une petite monnaie n'ayant cours qu'en
Moscovie, était obligée de vendre ces fourrures pour
payer les dépenses qu'elle faisait. En effet la chasse aux
martres, qui est un des travaux forcés des prisonniers
de Sibérie, rentrait dans les trésors publics, et, comme
nous venons de le dire, comptait pour moitié dans la
paye des troupes et des officiers. L'ambassade des czars
quitta la France en répandant les plus riches aumônes
sur son passage.

L'Asie elle-même s'émut de la renommée de Louis XIV
que lui portaient à la fois nos missionnaires et ces va-
leureux corsaires, frères et compagnons de Jean Bart,
qui parcouraient les mers en faisant retentir le nom
français.

L'empereur de Siam avait envoyé une première ambassade, en 1683 ; mais elle fit naufrage et les deux mandarins qui seuls échappèrent à la mort, n'ayant pas de
lettres de créance, ne furent point reçus solennellement
et saluèrent le roi à son passage. Une seconde ambassade
fut plus heureuse, quelques années après, et arriva sans
accident, chargée de présents magnifiques et d'une lettre de l'empereur. Trois O'pras, hauts dignitaires de ce
lointain empire, accompagnés de huit mandarins et
d'une suite de serviteurs, fit son entrée à Versailles au
milieu d'une foule compacte, dont la curiosité était vivement surexcitée.

Leur imagination asiatique ne leur avait jamais montré dans ses rêves rien qui approchât des merveilles des
eaux de Versailles dont on fit jouer pour eux les admirables bassins, de ses marbres précieux, de son argen-

terie, de ses tapis des Gobelins, mais surtout de ses femmes, auprès desquelles les charmes des pauvres Siamoises paraissaient complétement éclipsés. Ces orientaux, qui ont fait de la femme une esclave, se croient au paradis entourés d'êtres surnaturels lorsqu'ils se trouvent au milieu de ces Européennes dans la splendeur royale de leur beauté, dans la dignité de la liberté que le christianisme leur assure, sans parler de l'art déployé dans leur toilette, dont le luxe est réglé par le goût. Aussi l'un deux disait-il en assistant à l'opéra d'*Armide* : « Si cette Armide eût été Française, elle n'aurait pas eu besoin de magie pour attirer à elle les cœurs, car les Françaises charment par elles-mêmes. » Pour un Siamois, le mot ne manque ni de politesse ni de galanterie.

Le cérémonial de la réception de ces Asiastiques avait été à peu près le même que pour les autres ambassades ; le trône d'argent avait été placé sur une haute estrade recouverte de tapis et entourée de vases précieux. Louis XIV debout, portant un habit couvert de douze millions de diamants à l'éclat duquel s'ajoutait sa beauté majestueuse, leur fit l'effet d'une divinité. Ils le saluèrent en se prosternant trois fois, les mains jointes et lui présentèrent la lettre de l'empereur renfermée dans un coffre d'une richesse inouïe.

L'esprit de ces Siamois avait enchanté la cour et une femme, une grande dame connue pour être très-spirituelle, la duchesse de Nemours prétendit causer sans interprète avec l'un d'entre eux. Cette conversation divertit beaucoup les assistants, les deux interlocuteurs parurent s'entendre à merveille et elle se termina par le don que la duchesse fit au prince oriental d'un manchon de plumes d'oiseaux que celui-ci avait admiré, le trouvant plus remarquable que toutes les autres parures qu'il avait vues dans ces splendides réceptions.

Ce qui frappa le plus ces derniers étrangers parmi les chefs-d'œuvre de notre industrie, ce furent les tapisseries des Gobelins, les glaces de Saint-Gobain et les émaux déjà fort beaux, quoique Sèvres n'existât pas encore.

Après la mort de Marie-Thérèse, la Dauphine Victoire de Bavière avait eu tous les honneurs réservés à la reine, et une étiquette royale avait présidé à ses repas publics comme à ses réceptions. Lorsqu'il avait terminé son travail du soir, le roi allait souper chez elle; comme le deuil de Marie-Thrérèse avait suspendu les bals et la comédie, la Dauphine, qui avait beaucoup d'esprit et d'instruction, tint un cercle dans ses appartements, sorte de reprise de ces cercles d'Anne d'Autriche que Louis XIV avait toujours regrettés, et que l'extrême timidité de Marie-Thérèse ne lui avait pas permis de continuer. Ces réceptions, peu nombreuses et choisies, réunissaient toutes les gloires et toutes les supériorités du temps. La conversation, ce plaisir éminemment français, n'y était pas gênée par les entraves de l'étiquette des grandes réceptions de la cour. Corneille, Racine, Boileau y lisaient souvent leurs vers.

A l'une de ces réunions, Racine lut au roi sa harangue à l'Académie pour la réception de Corneille et de Bergeret. Malheureusement la mauvaise santé de la princesse interrompit d'abord ces réceptions, puis y mit fin. Elle était arrivée en France avec cette douce illusion du bonheur que toute jeune mariée apporte dans son cœur. Elle n'était point jolie, mais elle était bonne, spirituelle et vertueuse; et, en arrivant à Versailles, elle avait dit au roi : « Mes sœurs ont eu la beauté en partage, et moi le bonheur. » Sa santé, ses goûts sérieux qui la tenaient trop en dehors des plaisirs, qu'aimait passionnément le grand Dauphin, les éloignèrent de plus en plus l'un de l'autre, de sorte que ces deux vies, qui auraient dû n'en faire qu'une, finirent par être séparées.

A mesure que le temps marcha, la princesse se retira de plus en plus, et finit, dans les dernières années de sa vie, par vivre entièrement dans ses appartements et dans l'intimité d'une de ses femmes amenée d'Allemagne.

Cependant trois fils étaient nés de cette union, et le jour de leur baptême fut une des grandes solennités de Versailles; selon l'usage, ils avaient été chacun ondoyés le jour de leur naissance, et le baptême n'eut lieu qu'après la naissance du troisième.

Comme nous l'avons dit, et malgré l'assertion contraire de certains historiens de mauvaise foi qui prétendent que Louis XIV fit attendre Dieu pour lui donner une demeure dans son palais, dès l'année 1665 il existait une chapelle située dans l'aile du Midi, près du grand escalier qui monte aux appartements de la reine. L'autorisation donnée par l'Archevêque de Paris d'y célébrer la messe, même après midi, le prouve suffisamment. Cette chapelle fut abattue en 1672, et remplacée par celle qu'on construisit au nord sur l'emplacement de la grotte de Téthys. C'est dans cette seconde chapelle qu'eut lieu le baptême royal des fils du Dauphin.

L'aîné des enfants de France était le petit duc de Bourgogne, âgé déjà de cinq ans. Il s'avança fièrement, couvert de dentelles et de pierreries, et portant sur ses vêtements blancs le grand cordon du Saint-Esprit; il semblait qu'il comprit cette gloire d'être le chef à venir de cette grande et glorieuse famille des Bourbons. Le roi le tint sur les fonts avec la duchesse d'Orléans. On lui donna le nom de Louis. Il l'eût porté d'une manière digne de Louis le Grand, et le nom de Louis XV eût été pour notre histoire une gloire de plus. Dieu, dont nous ne devons pas sonder les secrets, en disposa autrement.

Les plus jeunes princes étaient le duc d'Anjou, auquel Monsieur, frère du roi, et sa jeune fille, Mademoiselle, donnèrent le nom de Philippe; et le petit duc de Berry, que suivent le duc de Chartres, le futur régent, et la grande Mademoiselle, bien loin alors des troubles de la Fronde; ils l'appelèrent Charles.

Cette journée fut comme la dernière joie de la Dauphine; le bonheur maternel l'embellissait, un doux sourire adoucissait ses traits contractés par les violentes douleurs d'un mal qui la conduisait lentement à une mort prématurée; elle effaçait par sa parure, composée des pierreries de la couronne, les atours magnifiques des autres princesses. Elle était heureuse! ses trois beaux enfants lui apparaissaient avec une magnifique destinée; nul ne lui disait qu'aucun des trois ne régne-

rait en France, et que le seul qui dût porter la couronne à l'étranger serait peut-être plus à plaindre que
ses frères. Le Dieu de bonté, en voilant l'avenir, a surtout pensé aux mères.

Trois ans à peine s'étaient écoulés depuis ce brillant
baptême, qu'il nous faut déjà suivre les princes en
larmes dans la chambre de la Dauphine, et assister à
l'un de ces spectacles qui sont de grandes leçons pour
les heureux du monde. Dans cette chambre magnifique,
couchée sur ce lit élevé et paré comme un trône, ex-
pire Victoire de Bavière, grande Dauphine de France.
Cette jeune femme sourit à la mort, qui lui enlève une
couronne, et lorsque ses trois beaux enfants viennent
recevoir sa dernière bénédiction, pressant contre son
sein avec plus d'amour le plus jeune, elle l'embrasse
avec ces douces et chrétiennes paroles : « C'est de bon
cœur, quoique tu me coûtes la vie. » Depuis la naissance de cet enfant, elle s'était sentie frappée à mort.

Le plus grand des évêques, Bossuet, lui donne les
sacrements de cette heure dernière, et son éloquence
attendrie lui montre le ciel. Le grand roi la pleure
comme une fille, et lorsque Bossuet, ému de ces larmes, engage Louis XIV à se retirer, celui-ci répond
ces belles paroles : « Ne faut-il pas que je sache comment meurent mes pareils ! » Puis, comme l'histoire
nous le montrera, toujours fidèle aux devoirs les
plus pénibles du chef de famille devant cette jeune
femme expirée : « Mon fils, dit-il au Dauphin, vous
voyez ce que deviennent les grandeurs du monde; nous
y viendrons, vous et moi. »

Les funérailles de la Dauphine nous permettent d'étudier Versailles sous une forme triste, mais de grande majesté. Les magnifiques appartements de la princesse étaient drapés de noir et remplis d'une foule recueillie venant prier près de son corps posé sur un lit de velours noir, surmonté d'un dais semblable, autour duquel les aumôniers de la princesse, ses dames et ses chevaliers d'honneur, ne cessèrent de veiller une semaine entière, tandis que des messes se disaient constamment aux deux autels élevés dans cette chambre mortuaire.

Le 1er mai 1690, les portes de Versailles s'ouvrirent pour laisser passer le cercueil de la princesse se rendant du palais des princes vivants à Saint-Denis, ce palais des princes morts. La pompe funèbre était splendide ; mais ce qui semble plus touchant, c'est que, faisant partie du cortége et le précédant, on voyait marcher une foule immense de pauvres. A cette époque, on avait encore l'idée que la présence de ces amis du Seigneur attirait les bénédictions du ciel, et que leurs prières étaient puissantes sur ce Dieu qui avait pris la pauvreté en partage. Le reste du cortége, composé d'un clergé immense, de la maison considérable de la princesse, de troupes portant des flambeaux, les armes renversées et les trompettes sonnant la sourdine, s'éloigna lentement du château.

VII

Loin de vouloir se bâtir au milieu des bois une demeure où il fût inaccessible aux regards du vulgaire, comme l'ont affirmé ces écrivains qui ne semblent s'occuper des monuments dont la royauté et la religion ont enrichi la France que pour insulter leurs bienfaits, Louis XIV, au contraire, laissait libre l'entrée de ses jardins, la foule, d'après le témoignage de Dangeau, la vraie foule, car Dangeau dit la *canaille*, était telle, que le roi avait peine souvent à se promener. Cependant il n'interdit l'entrée *habituelle* des parcs que lorsque l'on constata la détérioration des statues et des vases de marbre. Nous avons vu aussi qu'après la naissance du duc de Bourgogne, les appartements mêmes du palais étaient ouverts à la curiosité publique deux fois chaque semaine. Dès avant l'installation définitive de la cour à Versailles, trente mille âmes y formaient le noyau de la ville qui devait grandir. Les beaux hôtels des seigneurs avoisinaient le château ; le roi leur avait concédé de vastes terrains, mais ces concessions ne s'étaient pas arrêtées à eux seuls : un plus grand nombre de *particuliers* en avaient obtenu de semblables auxquelles le roi ajoutait beaucoup de priviléges et d'exemptions.

La ville s'étendait chaque jour aux dépens des bois, des deux côtés de la belle place que forment les petites et les grandes écuries, dont la construction est due à Mansard, et qui, en dépit de l'épithète de *grandes* et de *petites*, présentent exactement les mêmes proportions. Ces bâtiments sont séparés par une route vraiment royale, je veux parler de l'avenue percée à travers les bois pour conduire du palais de Versailles au palais des Tuileries. Cette avenue de Paris, destinée à tant de grands spectacles, fut un jour le théâtre d'un assez singulier pari entre le duc d'Elbeuf et M. de Chemerault, Le duc d'Elbeuf possédait six juments noires hollandaises, qui avaient été prises à la bataille de Steinkerque, où elles traînaient les canons du prince d'Orange. Le duc prétendit qu'il viendrait de Paris à Versailles et retournerait à Paris en moins de deux heures dans une machine à quatre roues attelée de ces six chevaux. Le pari était de *quatorze cents louis d'or neufs*. Toute la route était bordée d'une multitude immense. Au départ de Paris, porte de la Conférence, se tenaient le prince de Conti, connu pour l'exacte vérité de son témoignage, et à la grille de Versailles le roi lui-même, entouré de toute la cour. Le trajet de Paris à Versailles fut fait fort doucement en une heure et demie ; l'équipage était conduit par le cocher du duc d'Elbeuf. Arrivé au poteau doré où se tenait le roi, ce cocher s'arrêta juste le temps de donner sa place à son maître, tandis que six palefreniers firent boire à chacune des six juments un seau de vin d'Espagne. Les six juments, enivrées, parcoururent au retour l'espace en agitant leur noire crinière à la manière des chevaux de Pluton et arrivèrent victorieuses à Paris, où le prince de Conti reconnut que toute la course, pour l'allée et le retour, n'avait duré qu'une heure cinquante-trois minutes. Elles avaient donc franchi, en vingt-trois minutes, les quatre lieues qui séparent Versailles de Paris.

Deux quartiers commençaient à former l'ensemble de la ville de Versailles. Le premier était le quartier Saint-Louis qui sous Louis XIV ne prit pas d'extension, et où la Quintinie avait placé ses magnifiques potagers. L'église et le couvent des Récollets, religieux attachés au service des camps et des armées, y furent élevés à la place de l'ancienne paroisse Saint-Julien.

Le quartier Notre-Dame, au contraire, voyait ses rues s'avancer chaque jour à travers les bois. La ville possédait depuis Louis XIII des marchés et une infirmerie qui devait plus tard devenir l'hospice important qu'on y admire. Louis XIV y avait fait élever une première église, qui trop petite à cause de l'augmentation de la population, fut rebâtie plus grandement en 1686 et devint la paroisse royale.

Les larges rues qui aboutissaient au bois et dont les constructions s'élevaient entremêlées d'arbres jouissaient d'un calme rarement troublé par le passage des équipages de la cour, qui seuls faisaient retentir le pas des chevaux sur le pavé inégal, car le service public ne connaissait d'autres voitures que les chaises roulées ou portées. Les chaises roulées qu'on appelait brouettes et aussi chaises bleues rendaient de grands services même aux gens de la cour en certaines occasions.

Sous Louis XIV, la cour du palais était divisée en deux par des grilles; la partie la plus éloignée du palais s'appelait la cour des Ministres, et l'autre la cour Royale; les jours de réception, tous les équipages pénétraient dans la cour des Ministres, mais peu franchissaient la grille de la cour Royale. Il fallait pour cela avoir les honneurs du Louvre, c'est-à-dire le droit de recouvrir sa voiture d'une tenture de velours avec ses armes dans les coins. Aussi le plus grand nombre des invités descendaient-ils à la grille de la cour Royale, où ils trouvaient ces modestes chaises bleues qui, moyennant six sous, les conduisaient jusqu'aux vestibules des escaliers de marbre.

Les chaises à porteurs étaient proprement les voitures des femmes de la cour, portées par leur livrée. Ces délicieuses petites boîtes dorées peintes d'amours et de fleurs, au milieu desquels brillait un écusson du temps des croisades, une couronne princière ou ducale, par un tour de force certainement bien supérieur à celui que nous exécutons tous les jours, contenaient les énormes paniers surmontés de jupes couvertes de fleurs et de pierreries des femmes de l'époque; c'étaient de vrais nids de satin et de velours que ces petites boîtes dont les fenêtres ornées de franges d'or encadraient les têtes blondes et brunes, fines, coquettes, de toutes ces jeunes femmes, véritables enfants, ou la beauté plus majestueuse de quelque douairière.

Si les rues de Versailles étaient calmes, elles ne présenaient aucune sûreté au promeneur, et celui qui le soir s'y aventurait devait prudemment s'armer, car l'éclairage d'alors ne suffisait guère à illuminer ces grandes artères remplies de mendiants qui, selon l'expression de Dangeau, *gueusaient* non-seulement dans la ville, mais encore dans le château.

Cet éclairage était cependant la grande occupation des soirées de la bourgeoisie; chaque rue devait être éclairée par ses habitants, et lorsque le vent de Versailles venait malicieusement éteindre la modeste *chandelle* renfermée dans une simple lanterne, ou qu'il la faisait brûler plus vite que le bourgeois ne l'avait calculé, il y avait contre lui force amendes et autres peines.

Il est bon, à propos de ces amendes et de ces peines, de donner une juste idée de la manière dont la justice était rendue dans la ville royale. On a souvent écrit qu'il n'y avait à Versailles, avant 1789, d'autre tribuque celui de la Prévôté de l'hôtel, tribunal d'exception qui suivait le roi dans les lieux où il résidait. Cette assertion est inexacte. Dès 1693, Louis XIV érigea à Versailles un bailliage royal dont la juridiction s'éten-

4.

dait sur cette ville et sur quinze paroisses environnantes. Ce bailliage, dont les appels se portèrent d'abord au Châtelet de Paris, et depuis 1751 au Parlement, recevait lui-même les appels de trois autres justices. (Eckard).

La paroisse royale était comme le point de réunion de la ville et de la cour, car le roi, malgré l'existence de la chapelle du château, était un scrupuleux paroissien. Toutes les grandes solennités le voyaient entouré de la famille royale et de la cour assister aux cérémonies de Notre-Dame. Le jeudi saint, suivant le touchant usage établi par Robert le Pieux, Louis XIV, dépouillant la pourpre, s'agenouillait aux pieds de douze pauvres enfants, et renouvelant l'humble action du Christ, lavait et baisait à chacun le pied droit, puis il donnait à chacun une riche aumône, treize plats de légumes et de poisson, et une bourse contenant treize écus.

Le samedi saint, des courtisans d'une étrange espèce attendaient le roi dans la maison de Dieu. Leurs rangs pressés offraient le plus hideux spectacle, c'étaient des malheureux atteints des maux les plus rebutants, étalant leurs plaies et leurs haillons. On était saisi du contraste, lorsque le roi, entouré de sa suite, pénétrait dans l'enceinte sacrée. Il s'arrêtait à chacun, et, le touchant, il disait: « Le roi te touche, Dieu te guérisse ! » Pourquoi ne croirait-on pas que Dieu récompensait la foi de ces misérables, le courage et l'humilité du roi, en guérissant quelques-uns de ces lépreux ? Ils étaient souvent si nombreux, qu'un jour Dangeau en compta treize cents! Ce jour-là le roi se trouva mal après la cérémonie.

Sortons de cette atmosphère où il faut du courage pour suivre Louis XIV, et passons aux radieuses processions de la Fête-Dieu.

VIII

Magnificence des processions royales. — Les Lazaristes de la
chapelle. — La charité dans les salons. — La chancelière
de Pont-Chartrain. — Les duchesses de Beauvilliers, de Chevreuse et de Mortemart. — La duchesse de Béthune, — Madame de Maintenon. — Saint-Cyr. — La tragédie à Saint-Cyr.

Les processions avaient été dès les premières années
de la vie de Versailles une occasion de cérémonies où
le luxe des ornements du palais était prodigué. Ces jours
là les tapisseries des Gobelins bordaient les deux côtés
de la voie que devait suivre la procession, les plus magnifiques orangers ornaient les reposoirs et leurs caisses
d'argent reflétaient les lumières de mille bougies. Les
reposoirs étaient d'une richesse et d'une beauté merveilleuse; l'un deux fut une fois élevé dans le bosquet où
l'on avait construit un réservoir amenant les eaux des
étangs de Clagny dans les fontaines du parc; ce réservoir s'appelait la pompe ou tour d'eau. « L'autel était
placé au milieu d'un bosquet d'arbres et de fleurs, et
derrière dans toute la hauteur de la tour d'eau, s'éle-

vait un rocher en rocaille d'où l'eau s'échappait en formant une foule de petites cascades. »

L'autel était couvert de drap d'or d'une grande richesse ; des vases d'argent, remplis de fleurs, entouraient le tabernacle tout éclatant de rubis, d'émeraudes et de diamants, et que surmontait une immense couronne de pierreries ; une musique délicieuse s'unissait à ces lumières, à ces eaux jaillissantes, à ces fleurs. Ne semblait-il pas que ce roi de la terre qui adorait prosterné eût voulu réunir toutes ces richesses aux pieds du roi du ciel ?

Lorsque l'église Notre-Dame fut construite, ces processions augmentèrent encore de splendeur. Le roi se rendait à sa paroisse dans un magnifique carrosse doré fait exprès pour ce jour-là et attelé de superbes chevaux blancs, la famille royale y prenait place près du souverain ; ce char présentait un aspect pittoresque et charmant, car les pages avaient le privilége en cette joyeuse solennité de se percher comme des oiseaux sur le carrosse royal où leur adresse et leur intrépidité de quinze ans leur faisait trouver place, les uns sur le siége, les autres aux portières, sur les marches, partout.

Leurs têtes bouclées, leurs chatoyants vêtements de satin brodé, apparaissaient, avec ce charme que la jeunesse ajoute à toute chose. La voiture ainsi ornée, précédée et suivie de la maison militaire, marchait lentement jusqu'à l'église dans laquelle le roi entrait ainsi que la famille royale, et après une courte prière on voyait sortir le Saint-Sacrement porté par le curé et suivi par le roi, les princes, les princesses à pied jusqu'à la chapelle du château, transformée en splendide reposoir. Puis la procession reprenait dans le même ordre le chemin de l'église où les musiciens de la chapelle royale chantaient une messe solennelle dite par le grand aumônier qui était toujours un évêque. Pendant cette messe, douze des plus charmantes femmes de la cour et désignées par le roi lui-même faisaient une quête abondante, qui donnait aux malheureux leur part de joie en ce jour de la fête du Dieu des pauvres.

Le roi avait attaché à sa paroisse comme à sa chapelle des Lazaristes. Le nombre en était limité à douze pour la première chapelle du château ; lorsque la troisième fut achevée, il fut porté à vingt et un, et l'acte de leur établissement n'est pas sans intérêt : « Ils devront tous les jours chanter le *Domine salvum fac* et célébrer une grand'messe, afin qu'ils ne cessent d'élever les mains au ciel tandis que nous partageons nos soins entre l'administration de la justice et la défense de nos sujets. »

Confier la paroisse royale aux admirables filles de saint Vincent de Paul qui se chargeaient de l'éducation des petites filles avec la tendresse maternelle que la Providence donne à leur cœur virginal, tandis que les pauvres petits garçons recevaient les mêmes soins des frères que le bienheureux de la Salle venait de créer, et dont l'utile établissement eut pour première pierre les trois mille francs légués par Louis XIII à une œuvre de ce genre, n'était-ce point là une chrétienne pensée ?

Le dix-neuvième siècle fait-il et peut-il faire plus pour les pauvres et les enfants que ne faisait le dix-

septième ? Assurément non. Les ordres religieux avaient
alors pour auxiliaires les femmes les plus illustres et
les plus brillantes de la cour. Il y avait dans cette cour
quelquefois trop facile une pléiade de femmes chrétiennes dont les vertus admirables soutenaient par
leur exemple le niveau de la morale publique.

Ce sont les femmes et les filles des plus grands seigneurs et des ministres du roi. La chancelière de Pontchartrain et sa belle-fille ; puis trois filles de Colbert,
les duchesses de Mortemart, de Beauvilliers, de Chevreuse, auxquelles la plus sainte affection unissait, doux
miracle de la piété, la propre fille de Fouquet, cette
mélancolique duchesse de Béthune, dont la jeunesse
s'était passée dans les prisons et les exils ; enfin Madame de Maintenon, l'âme des œuvres, à laquelle son
secret mariage avec Louis XIV donnait le moyen de
faire plus de bien.

L'esprit, le bon sens, la vertu et la piété de la chancelière de Pontchartrain en faisaient une des femmes
les plus estimables de la cour. Ses aumônes étaient immenses et sa main droite les cachait à sa main gauche.
Elle dotait les filles pauvres, ramenait chez elle celles
que la misère lui faisait rencontrer dans les rues, et les
plaçait dans une communauté de trente religieuses,
qu'elle avait fondée à Versailles et qu'elle entretenait à
ses frais ; c'était la seule œuvre dont il lui était impossible de cacher l'existence.

Plus tard, sa belle-fille vint ajouter à l'estime et à
l'admiration que le roi et le peuple portaient également
à la famille du chancelier. Elle passait pendant sa vie

pour une sainte, et à sa mort l'exact Dangeau écrit:
« C'était une femme d'un rare mérite et regrettée uni-
versellement de tout le monde et même de ceux qui ne
la connaissaient pas, tant elle était en bénédiction. »
Saint-Simon en fait le portrait passionné qu'il trace du
peu de gens auxquels il rend justice; il loue sa vertu
sans faste, sa dévotion sans hypocrisie; sa douceur angélique, sa modestie charmante, en faisait, dit-il, à la
fois le modèle et la coqueluche de la cour. Cette femme
riche, adulée, comblée d'honneurs, avait compris ce
qu'une charité ordinaire devine rarement : les souffrances de ceux qui cachent leurs misères, et si elle apprenait que quelque désastre frappât des gens de distinction, un prompt secours arrivait au milieu d'un désespoir qui pouvait conduire à de nouveaux malheurs, et
jamais le nom de la bienfaitrice n'était connu.

En quittant l'hôtel de Pontchartrain, nous entrerons
un instant à l'hôtel de Beauvilliers, où nous retrouve-
rons l'exemple des mêmes vertus, joint à l'union de
famille la plus complète et la plus rare : « Les duchesses
de Beauvilliers, de Chevreuse et de Mortemart, toutes
trois filles de Colbert, dit Saint-Simon, formaient avec
leurs maris et quelques âmes pieuses et pures comme
elles, un petit groupe à part qui vivait retiré au milieu de
la cour. Il n'y eut point de femme à la cour qui eut plus
d'esprit que Madame de Beauvilliers, ni un esprit plus fin
plus pénètrant, mais plus sage et plus réglé, et dont elle
fût plus la maîtresse. C'était encore la femme du monde
la plus noble, la plus magnifique et aimant tendrement.
Sa plus intime union était après son mari, sa sœur e·

son beau-frère, le duc et la duchesse de Chevreuse. Il se peut dire qu'entre ces quatre personnes tout était commun, pensées, vues, opinions, secrets, amis et toutes choses. Longues années ils mangeaient l'un chez l'autre, plusieurs fois par semaine, et tous les soirs les passaient ensemble avec un nombre étroit de parents et d'amis. »

C'est à ce cercle intime que vient souvent s'asseoir madame de Maintenon, attirée par les mêmes goûts et les mêmes habitudes de piété et de charité. « Madame de Maintenon, dinait, de règle, une et quelquefois deux fois la semaine à l'hôtel de Beauvilliers ou de Chevreuse entre les deux sœurs et les deux maris avec la clochette sur la table, pour n'avoir point de valet autour d'eux et causer sans contrainte. » Ces causeries sérieuses, confiantes et spirituelles doivent bientôt un charme nouveau à la présence d'un prêtre jeune, éloquent et pieux, l'abbé de Fénelon, dont l'ascendant se fit bientôt sentir sur tous ces cœurs désireux du bien. Ce fut pour les neuf filles du duc de Beauvilliers qu'il fit son traité de *l'Education des filles*.

L'œuvre de madame de Maintenon, le couronnement royal de toutes les œuvres de Versailles, fut la fondation de la maison de Saint-Louis à Saint-Cyr.

L'enfance de madame de Main'enon avait été dure, et la pauvreté de Françoise d'Aubigné avait laissé dans son esprit un souvenir qui ne s'effaça point quand les circonstances les plus imprévues et les plus singulières lui donnèrent, au moins pour le bien, la puissance d'une reine.

Lorsque la cour était encore à Saint-Germain, la

veuve du poète Scarron partageait ses soins entre l'enfance intelligente et maladive du duc de Maine et l'instruction d'une soixantaine de petites filles qu'elle avait réunies à Rueil sous la direction d'une pauvre religieuse ursuline survivant à sa communauté et qu'elle avait rencontrée un jour catéchisant comme elle. Ce premier établissement lui était trop cher pour qu'elle l'abandonnât. Lorsqu'elle put amener ces petites filles à Versailles, elle les installa à Noisy, partie retirée du parc, et elle y passait, au milieu de ces enfants, de longues heures, s'éloignant des scandales de la cour, dans laquelle l'antipathie, mêlée cependant d'estime, qu'éprouvait le roi pour elle, rendait sa position si difficile. Mais, lorsque cette vertu que Fénelon nommait, « la Sagesse parlant par la bouche des Grâces, » cessa d'effaroucher Louis XIV et conduisit madame de Maintenon à position unique qu'elle occupa, elle se souvint de son enfance malheureuse. Alors, comparant le sort de ses protégées à celui des filles de la pauvre noblesse de province dont les chefs, rentrant à leur foyer, épuisés et appauvris par le noble métier des armes, passaient leur triste vieillesse entourés de nombreux enfants dont l'avenir misérable troublait la paix de leurs dernières années, elle voulut leur faire partager le bien-être et l'éducation de Noisy. Une partie de cet établissement leur fut consacrée; mais ce précieux bienfait émut la province, et de nombreuses demandes arrivèrent de tous côtés. Madame de Maintenon, qui cachait au roi le bien qu'elle faisait se demanda comment elle parviendrait à égaler les ressources aux besoins. Elle vendit ses che vaux, ses bijoux, pour suffire aux dépenses. Le bruit de ces sacrifices arriva jusqu'au roi. Il comprit que madame de Maintenon payait la dette de la couronne et qu'à lui seul appartenait de venir en aide à la noblesse appauvrie à son service, d'une manière digne de son honneur et de sa fierté. Mais il fallait un éclat et une grandeur nouvelle à cette œuvre devenue l'œuvre de Louis XIV. On chercha autour de Versailles une maison assez vaste pour contenir les cinq cents jeunes filles que Louis XIV voulait y faire élever et que le prudent Louvois réduisit à deux cent cinquante.

La propriété de Saint-Cyr faisait en quelque sorte partie de Versailles, et cependant elle en était réellement séparée et se trouvait située dans une sorte de solitude; elle remplissait donc complètement les conditions exigées pour cette importante fondation. Le marquis de Séguier la céda pour quatre-vingt-onze mille francs. Il fallut dix-huit mois de travail, trois cents ouvriers et deux cent mille francs de frais pour l'approprier à sa nouvelle destination.

Ce fut dès l'année 1686 que la maison fut prête. Une longue procession de maîtresses et d'élèves quitta Noisy pour se diriger vers Saint-Cyr, les maîtresses dans leur costume de religieuses, les élèves dans cet uniforme dont la vue seule était comme l'image de l'éducation de ces filles du monde élevées par la religion ; il était d'étamine brune, mais coupé sur le modèle des habits de cour. Arrivé à Saint-Cyr, toute la communauté se disposa à recevoir le roi, qui avait voulu paraître à cette cérémonie d'installation d'une maison dont le nom de-

vait rester comme une des plus pures gloires de son règne. Il répondit aux discours des supérieures par des
paroles pleines de bonté et de sentiments chrétiens:
« Heureux, disait-il, de voir se développer dans ces
jeunes filles les vertus éminentes de leurs religieuses
maîtresses et prêt à faire de nouveaux sacrifices pour
cette maison qui devait l'aider à donner à Dieu des
âmes, lui qui lui en avait ravi un si grand nombre par
ses mauvais exemples. »

Trois ans après, le 26 janvier 1689, toutes les voitures
de la cour en grand gala prenaient la route de Saint-
Cyr. C'étaient le roi, les ministres, des évêques, tout ce
qu'il y avait de plus grand, de plus vertueux; ce jour-
là le silence et l'étude étaient suspendus dans ce vaste
cloître. Une salle brillamment ornée de verdure et de
fleurs où un trône attendait Louis XIV s'ouvrait sur le
jardin, et lorsque le roi eut pris place et permis aux
courtisans de se ranger à ses côtés, le fond mobile de
la salle laissa paraître une scène antique, les plus charmantes élèves de Saint-Cyr apparurent couvertes des
costumes de l'ancien Orient, c'était la première représentation d'*Esther*, ce diamant qui en annonçait un second, le plus brillant du magnifique écrin de Racine :
tout le monde a nommé *Athalie*.

La délicieuse nièce de Madame de Maintenon, ma-
dame de Caylus, joua si bien Esther, qu'elle fut comparée à la Champmeslé.

Madame de Maintenon, semble-t-il, devait être fière
et heureuse; cependant, malgré la présence des la Ro-
chefoucault, des Noailles, des Louvois, des ducs de Che-

vreuse et de Beauvilliers, des évêques de Beauvais, de Châlons et de Meaux, c'est-à-dire Bossuet, en présence du roi lui-même, il lui manquait quelqu'un, c'était le modeste et sévère curé de Notre-Dame, l'abbé Hébert. Quelque temps avant cette brillante fête, elle avait compris sa muette résistance, et, comme elle n'était pas femme à céder facilement, elle avait attendu la sortie d'une de ses réunions de charité pour s'assurer s'il viendrait. L'abbé Hébert répondit avec une sévérité évangélique : « Je blâme en chaire le spectacle. — Mais *Esther* n'est pas comprise dans cette proscription. — Le peuple répondit-il, ne sait pas la différence qu'il y a entre cette tragédie et une autre. J'irai, il croira plutôt à mes actions qu'à mes paroles. La réputation d'un ministre de l'Eglise est trop délicate pour la sacrifier à la complaisance et à la curiosité. » Et il ajoutait qu'il craignait beaucoup pour ces jeunes filles les dangers de la vanité disant avec simplicité que lui-même ne savait pas se préserver de la vaine gloire lorsqu'il prêchait devant le roi.

Lorsque plus tard, après avoir essayé *Athalie* qui ne réussit pas, les élèves de Saint-Cyr jouèrent *Andromaque*, elles interprétèrent ce chef-d'œuvre de telle sorte, que madame de Maintenon s'écria qu'elles avaient si bien joué *Andromaque*, qu'elles ne joueraient désormais plus.

La sévérité de l'abbé Hébert se trouvait justifiée.

IX

Retour du roi à Versailles après le siége de Mons. — Le jeu du roi ; anecdote ; lettre de la duchesse d'Orléans. — Originalité de cette princesse ; sa petite vérole. — La cour de Saint-Germain. — *Le Bourgeois gentilhomme*, joué à Trianon. [— La princesse de Conti. — La duchesse de Bourbon. — Les inventions de M. de Villayer. — Mariage du duc de Chartres et de mademoiselle de Blois

Rentrons au palais de Versailles à la suite de Louis XIV qui vient de prendre Mons (9 avril 1691). Le roi vainqueur accompagné de la famille royale fut suivi d'un peuple enthousiaste et reçu par la cour entière sur les marches du château. Ce jour-là on oublia les sacrifices que la guerre avait imposés, et dans ces vastes salles ornées de trophées et de fleurs, on ne remarqua point l'absence de cette belle argenterie, de cette orfévrerie unique, fondue toute entière jusqu'à la statue équestre en argent de Louis XIV pour subvenir aux frais de la lutte européenne de 1689.

L'année suivante le roi de nouveau victorieux prit Namur, ce qui consola la France de la glorieuse défaite de Tourville qui, après avoir lutté tout un jour avec quarante-quatre vaisseaux contre quatre-vingts navires de la flotte ennemie avait perdue la bataille de la Hogue. C'est après cette bataille que Vaubernein, l'illustre Hollandais, disait qu'on avait, il est vrai, coupé les cheveux au roi de France, mais qu'ils repousseraient, tandis que le roi de France avait coupé un bras aux alliés et qu'il ne reviendrait pas.

Le combat de Namur fut le dernier auquel le roi assista ; désormais il confiera la direction de la guerre aux princes de sa maison et à ses glorieux généraux.

Depuis la mort de la Dauphine, à part les fêtes toujours brillantes du carnaval, les plaisirs principaux de la cour, parce qu'ils étaient ceux que préférait le roi, étaient le billard et le jeu. Les *appartements*, dans lesquels nous a déjà introduit madame de Sévigné, étant merveilleusement installés pour ces soirées sérieuses. « Ils se tenaient habituellement, dit Saint-Simon, depuis sept heures du soir jusqu'à dix heures, où le roi se mettait à table et dans le grand appartement, depuis un des salons du bout de la grande galerie jusque vers la tribune de la chapelle. D'abord il y avait musique, puis des tables pour toutes les pièces, toutes prêtes pour toutes sortes de jeux, un lansquenet où Monseigneur et Monsieur jouaient ensemble, un billard, en un mot, liberté entière de faire des parties avec qui l'on voulait, et de demander des tables si elles se trouvaient toutes remplies. Au delà du billard, il y avait une pièce destinée aux rafraîchissements, et tout parfaitement éclairé.

Le billard aida la fortune de Chamillard, cet habile

joueur qui n'était jamais battu que par le roi, et Dangeau dut beaucoup de sa faveur au jeu où il était aussi habile qu'honnête. Les jeux préférés du roi étaient le trictrac et le brelan, et les joueurs appelés à l'honneur du jeu de Louis XIV étaient souvent fort embarrassés lorsque malgré tous leurs efforts la fortune s'entêtait à leur donner raison contre le souverain. Un soir le comte de Gramont arrive dans un de ces graves moments où devant un coup indécis les courtisans gardaient le silence. « Jugez-nous, lui dit le roi. — Sire, c'est vous qui avez tort. — Et comment pouvez-vous me donner tort avant de savoir ce dont il s'agit ? — Sire, ne voyez-vous pas que pour peu que la chose fût douteuse, tous ces messieurs vous auraient donné gain de cause ?

Le jeu ainsi aimé de Louis XIV devint le plaisir favori non-seulement de la cour, mais de toute l'aristocratie française. Laissons la duchesse d'Orléans nous retracer l'engouement de cette époque pour un plaisir inventé pour un roi fou et devenu depuis la folie de tant de gens d'esprit et de raison :

« La danse est maintenant passée de mode partout, dit-elle. Ici, en France, aussitôt que l'on est réuni, on ne fait rien que de jouer au lansquenet ; c'est le jeu qui est le plus en vogue ; même les jeunes gens ne veulent plus danser. Je suis beaucoup trop vieille pour danser et je ne l'ai pas fait depuis la mort de mon père. Je ne joue jamais pour deux bonnes raisons ; la première, c'est que je n'ai pas d'argent, la seconde, c'est que je n'aime pas le jeu. On joue ici des sommes effrayantes, et les joueurs sont comme des insensés : l'un hurle, l'autre frappe si fort la table du poing, que toute la salle en retentit, le troisième blasphème d'une façon qui fait dresser les cheveux sur la tête, tous paraissent hors d'eux et sont effrayants à voir. » 1695.

Cette duchesse d'Orléans présentait à Versailles un type original et fort curieux, mais souvent elle était en opposition avec le roi. Aussi la cour ouvrait-elle de grands yeux lorsqu'elle voyait, au moment de la faveur de Fagon et quand le roi suivait ce curieux traitement de médecine *préventive* qui a été immortalisé par Molière dans *le Malade imaginaire*, la princesse Palatine bien sérieusement malade de la petite vérole se soigner à sa mode, en buvant à la glace tout le temps de sa maladie, ses fenêtres ouvertes, changeant de linge quatre fois par jour et prenant pour toute potion de la poudre de kent ; singulière composition de serres et d'yeux d'écrevisses, d'yeux de vipères, de perles de corail et de corne de cerf !

Les Stuart, ces nobles hôtes du château de Saint-Germain pour lesquels Louis XIV eut toutes les délicatesses de la grandeur heureuse vis-à-vis de la grandeur tombée, venaient souvent visiter le grand roi à Versailles. Les premières visites de ce genre nous montrent les deux souverains luttant d'étiquette et se reconduisant mutuellement à la porte de leurs appartements sans que l'un ou l'autre voulût céder. Louis XIV mit fin à ce conflit de courtoisie en priant le roi d'Angleterre de vivre avec lui, en véritable frère, en laissant dans l'intimité toute étiquette de côté. C'est devant les deux

royales familles réunies ainsi dans une touchante affection qu'on joua le *Bourgeois gentilhomme* à Trianon.

Trianon dès cette époque retenait souvent la cour plusieurs jours de suite au milieu de ses fleurs. Ses pelouses
et son élégant théâtre, infiniment plus agréable que les
scènes provisoires qu'il fallait improviser dans les salons
de Versailles, réunissaient les princes et la cour devant
les chefs-d'œuvre des écrivains de l'époque, surtout de
Molière.

Cette cour devenue sérieuse possédait cependant trois
sœurs qu'on eût pu appeler les trois Grâces, tant elles
étaient charmantes. Nous les avons trop souvent ren-
contrées au milieu des fêtes, des promenades, des cérémonies de Versailles pour ne pas les nommer: c'étaient la
princesse de Conti, la duchesse de Bourbon et mademoiselle de Blois, destinée à devenir duchesse de Chartres.

La princesse de Conti était cette première mademoiselle de Blois dont madame de Sévigné raconte le mariage fait à Saint-Germain en 1680 et qu'elle dit être
romanesquement belle. Cette beauté était relevée par
beaucoup d'esprit, un entrain inouï pour le plaisir, un
talent pour la danse qui la rendait l'âme des fêtes de
Versailles. Elle possédait dans la ville une ravissante
maison remplie d'objets d'arts et dont les jardins en
terrasses étaient par leur luxe de fleurs une des merveilles qu'on y venait voir. Là elle réunissait souvent la
cour à des ballets, à des comédies, à des concerts, à des
fêtes.

La duchesse de Bourbon, mademoiselle de Nantes,
beaucoup plus jeune, ravissante aussi et qui tout enfant

se faisait remarquer par une grâce charmante aux premiers bals donnés dans les bosquets où, dit une chronique, elle dansait des danses *gigongne* à ravir, avait ses appartements dans les entresols du château. Devenue duchesse de Bourbon, il paraît qu'elle ne se sentait pas la même facilité pour monter les escaliers de Versailles que pour danser ces merveilleux ballets, car elle voulut essayer d'une invention toute nouvelle due à un membre de l'Académie, M. de Villayer. C'étaient des fauteuils à poulies qui, passant par une espèce de tunnel perpendiculaire assez semblable à un tuyau de cheminée, vous transporteraient au paradis, disaient les plaisants, si on les laissait faire. Cependant un soir la princesse s'était retirée de bonne heure du cercle royal, et lorsque le reste de la cour rentra dans ses appartements, on fut fort étonné que ses gens l'attendissent encore; elle avait disparu du salon du roi, mais elle n'avait pas encore paru dans le sien !

Toute sa maison, armée de flambeaux, explorait le château et le parc, lorsqu'enfin on entendit des cris étouffés et qui semblaient sortir de la muraille; on se rappela la cage du fauteuil à poulies, et la princesse fut en effet retrouvée entre ces quatre murs, la machine s'étant arrêtée en chemin avec impossibilité de la faire ni monter, ni descendre ; il fallut aller quérir des maçons et démolir un pan de muraille, pour délivrer enfin la pauvre femme qui était emprisonnée depuis plus de trois heures.

Cet accident fit renoncer alors à cette invention reparue de nos jours.

L'inventeur de cette merveilleuse machine dormait peu, toujours préoccupé de quelque idée nouvelle, et il lui était pénible, paraît-il, d'ignorer l'heure dans ses moments d'insommies. Il eut recours à un moyen fort original : il fit établir près de son lit une horloge à grand cadran, dont les chiffres étaient creux, et le chiffre de chaque heure était rempli d'une épice particulière ; lorsqu'il s'éveillait, il conduisait son doigt le long de l'aiguille, et, arrivant à l'heure qu'elle marquait, il goûtait l'épice ; le poivre lui disait qu'il était une heure ; le gingembre, trois heures ; le sel, quatre ; et ainsi de suite.

La troisième princesse que nous avons nommée était mademoiselle de Blois, dont la beauté ne le cédait pas à ses sœurs, et que Louis XIV donna pour femme à son propre neveu, le duc de Chartres. Ce mariage résuma toutes les splendeurs des différentes unions qui se firent dans la famille royale vers cette époque, celle du duc du Maine avec une princesse de Bourbon ; celle de mademoiselle d'Orléans avec le duc de Lorraine, etc., et pour lesquelles la cour déploya tout son luxe et étala toutes ses splendeurs. Ce mariage eut lieu en 1692. « Toute la cour, dit madame de Sévigné, est pleine de joie et de plaisirs pour le mariage de M. de Chartres et de mademoiselle de Blois. Il y aura un grand bal, où tous ceux qui disent qu'ils n'ont pas un sou font des dépenses de deux ou trois cents pistoles. C'est ce qui fait qu'on ne croit pas à leurs misères, qui, sont pourtant bien véritables. Mais les Français ont des ressources dans leur envie de plaire au roi, qui ne trouveraient pas de créance dans ce qu'on vous en pourrait dire, si nous ne le voyions de nos propres yeux. Nous verrons donc tous les vieux et jeunes courtisans parés selon leur âge et toujours magnifiquement. « (Au comte de Bussy, le 27 janvier 1692).

Ce bal rappela les plus belles fêtes de la jeunesse du roi et des premières années de Versailles ; les jeunes princes avaient été fiancés à six heures du soir dans un salon particulier du roi.

Lorsque la galerie de glace s'ouvrit, on crut entrer dans un parterre, au milieu des productions les plus variées de l'été ; des roses de toutes nuances, des lys balançant sur leur haute tige leur tête d'or ou de neige, des marguerites aux mille feuilles, des violettes et d'autre fleurs les plus belles et les plus parfumées couvraient d'immenses corbeilles remplies des fruits et des gâteaux que servaient plus de cent officiers du château revêtus de justaucorps de drap bleu, garnis de galons d'argent.

Le coup d'œil des danses fut féerique, car tous ceux qui avaient été nommés pour danser avaient des habits brodés de brocart d'or ou d'argent, tout couverts de point d'Espagne, dentelle faite avec des fils d'or ou d'argent ; hommes et femmes étaient étincelants de pierreries. Le lendemain, 18 février, le mariage se fit à la messe du roi. Dans ces occasions, le cérémonial et l'étiquette régnaient en maîtres, la grande galerie était remplie de la cour, attendant le passage du souverain. Les jeunes fiancés précédaient Louis XIV ; arrivés à la chapelle, ils se placèrent sur les degrés du bas de l'autel, devant le prie-Dieu de Sa Majesté et reçurent la bénédiction nuptiale des mains du cardinal de Bouillon. La description des costumes des princes dans cette cérémonie dépasse ce que l'on peut imaginer. Le marié portait un habit de velours noir, brodé d'or, les chausses étaient brodées par bandes, et les vides garnis de perles et de diamants, le pourpoint de même et le devant du manteau couvert des gros diamants de Monsieur, qui passaient pour les plus beaux du monde.

Le duc d'Orléans avait gardé pour lui de magnifiques rubis qui brillaient comme des étincelles de feu sur son habit de velours noir brodé d'or. La jeune mariée avait une robe d'étoffe d'argent étincelante de pierreries. Le grand Dauphin portait tous les diamants de la couronne, et le roi ne s'en était réservé qu'une agrafe, mais des plus beaux, qui relevait la simplicité royale de son habit de brocard d'or brodé d'argent. Une seule personne manquait à ces cérémonies et à ces fêtes : la mère du prince que l'on mariait, la duchesse d'Orléans ; la volonté de Louis XIV, si absolue qu'elle fût, n'avait pu faire plier la fierté germanique de la princesse, et ne pouvant empêcher un mariage qu'elle regardait comme une mésalliance, elle s'était abstenue d'y paraître ; on raconte même que la première fois qu'elle rencontra son fils, elle le salua par une paire de soufflets.

X

D'autres cérémonies réunissaient souvent la cour dans la chapelle du château. Lorsqu'un prince du sang avait été admis pour la première fois à faire ses pâques, il était reçu chevalier de l'ordre du Saint-Esprit à la réception de l'année suivante. Il arrivait ainsi qu'un des cents chevaliers dont huit étaient ecclésiastiques, ce nombre n'était jamais franchi, venant à mourir, un nouvel élu le remplaçait. Cet ordre illustre avait été fondé, on le sait, par Henri III en mémoire de deux événements de sa vie: son élévation au trône de Pologne et son avénement au trône de France.

L'éclat attaché à cet Ordre, les preuves exigées de ceux qui y étaient admis, l'illustration de ses membres, faisaient des réceptions une cérémonie importante qui avait lieu dans la chapelle du château.

Laissons à l'exact Dangeau le soin de la décrire : « Tous les chevaliers se trouvèrent chez le roi à neuf heures et demie, et, quand le lever fut fini, on se mit en marche deux à deux, on descendit dans la cour par le degré de Madame la Dauphine et l'on entra dans le même ordre à la chapelle où, après avoir fait la révérence à l'autel et au prie-Dieu, chaque chevalier alla prendre la place qui lui était marquée. Après la messe, qui fut célébrée par M. de Paris, prélat de l'Ordre, nous allâmes quatre à quatre prêter le serment au roi qui étaient sur son trône à la gauche de l'autel ; le premier des quatre lisait le serment, et ensuite le roi nous donna le cordon, puis nous mit le grand manteau et enfin le collier. Après avoir lu le serment, nous baisâmes chacun la main du roi, et quand nous eûmes le collier sur le grand manteau, nous allâmes signer dans un petit livre où sont les signatures de tous les chevaliers, depuis l'institution de l'Ordre. » (1689).

Les quelques années que nous venons de parcourir on vu disparaître deux hommes diversement célèbres, Louvois et Mignard. Le ministre plein de talent, mais d'un talent gâté par l'orgueil et un caractère impitoyable, est mort en 1691. Il pesait à Louis XIV, et l'on attribue au chagrin d'une disgrâce l'apoplexie pulmonaire qui enleva Louvois ; quelques chroniqueurs ont même parlé d'un suicide.

Le grand artiste qui avait reçu le titre de premier peintre du roi et qui avait été nommé directeur de l'Académie de peinture à la mort de Lebrun, nous a tracé avec son pinceau caressant et d'une grâce peut-être un peu affectée, les traits des principaux personnages de ce règne. Les derniers portraits qu'il fit furent ceux du roi et de la reine d'Angleterre, un an avant sa mort : il avait plus de quatre-vingts ans. Jacques II l'avait invité à venir s'établir à Saint-Germain ; mais le vieux Mignard qui trouvait fort douce la vie que le roi lui faisait à Versailles s'effraya du bruit d'une épidémie régnant à Saint-Germain, et ne consentit à peindre Leurs Majestés qu'à Versailles. Louis XIV fit disposer en atelier la galerie de son appartement, et, chaque jour, le roi et la reine d'Angleterre, cédant à l'exigence de l'artiste, se faisaient conduire à Versailles. Louis XIV aimait beaucoup Mignard et fut si touché de sa mort, qu'il supprima le titre de premier peintre du roi.

Tandis que les arts faisaient de si rapides progrès, la langue du dix-septième siècle semblait avoir atteint l'apogée de sa perfection, et l'Académie chercha à la fixer par la création de son fameux dictionnaire.

On vit le 27 août 1694 les députés de ce corps savant en apporter les volumes splendidement reliés et ornés à Louis XIV, qui les reçut avec la bienveillance extrême qu'il accordait aux lettres et aux lettrés : « Messieurs, répondit-il au discours du président de la savante société, M. de Tourreil, voici un ouvrage attendu depuis longtemps. Puisque tant de gens habiles y ont travaillé je ne doute point qu'il ne soit très-beau et fort utile pour la langue. Je le reçois agréablement, je le lirai à mes heures de loisirs, et je tâcherai d'en profiter. »

Les grands appartements où se réunissait la cour, les brillantes cérémonies qui se célébraient à la chapelle, les événements historiques qui se passaient le plus souvent dans le cabinet du roi, nous ont jusqu'à présent appelés dans le centre du château ; aujourd'hui nous laisserons cette région du gouvernement, de la représentation et de l'étiquette pour entrer dans l'aile du palais où se trouvent les appartements des fils du Dauphin ; là s'accomplit une grande œuvre, l'éducation d'un roi.

Louis XIV qui, au temps de sa jeunesse et de ses fautes, avait eu le sens assez droit pour charger le vertueux Montausier et Bossuet d'élever son fils, ne pouvait se montrer moins judicieux lorsque, dans la maturité de l'âge, il eut à choisir le gouverneur et le précepteur de ses petits-fils. Il désigna le duc de Beauvilliers et l'abbé de Fénelon.

Le duc de Bourgogne nous occupera spécialement ; il était l'aîné, l'héritier de la couronne de France. Il était né avec un naturel emporté, orgueilleux, farouche, et un de ses contemporains a dit qu'il fallait faire de lui un saint pour qu'il ne fût pas un tyran. Le duc de Beauvilliers et Fénelon étaient peut-être les deux hommes de France les plus capables d'accomplir cette transformation.

Saint-Simon a dit du duc de Beauvilliers :

« On peut hasarder d'avancer qu'il ne perdit jamais la présence de Dieu dans toutes les diverses situations de ses journées et que Dieu était l'objet unique auquel il rapportait ses plus importantes et ses plus petites actions, son travail, ses fonctions, ses bienséances. »

Le duc de Beauvilliers, gouverneur des fils de France,

s'était empressé de présenter au roi, pour les fonctions de précepteur, l'abbé de Fénelon dont il avait eu si souvent l'occasion d'apprécier, dans l'intimité, l'esprit sagace, ingénieux et doux, l'âme aimante et dévouée, la piété ardente et éclairée. Comme ce jeune prêtre avait l'estime de Bossuet, Louis XIV n'hésita pas à l'appeler auprès du prince. Fénelon reçut cet honneur comme une mission, et tous les avantages que sa naissance lui donnait à la cour ne lui parurent que d'heureux moyens de se rapprocher davantage de son élève.

Admis à monter dans ses carrosses, s'asseyant à sa table, on peut dire qu'il était constamment près de lui. Ses talents, son éloquence naturelle, élégante, fleurie, pleine de grâces, tout fut employé pour mener à bien cette éducation difficile. Suivant le précepte de l'antiquité, le maître savait emmieller les bords du vase où il présentait à son élève un breuvage salutaire. Que de fois des fables ingénieuses adoucirent les préceptes qu'il voulait faire pénétrer dans ce jeune cœur, et le préparèrent aux leçons plus graves consignées dans un des chefs-d'œuvre de notre langue, le *Télémaque*, ce poëme que Fénelon semble avoir rapporté de son long commerce avec Homère !

L'esprit du prince, qui saisissait avec promptitude, permettait d'abréger la leçon proprement dite ; mais il restait de longues heures, en apparence données au jeu ou à la promenade et en réalité employées à acquérir beaucoup de connaissances utiles et pratiques. Fénelon pensait, en effet, que l'esprit d'un homme appelé à régner doit toucher à tout et ne rester étranger à aucun

sujet. Quand ces heures, douces pour le maître et l'é-
lève, étaient arrivées, le prince heureux et confiant
disait : « Je laisse à la porte le duc de Bourgogne et je
ne suis plus avec vous que le petit Louis. » Souvent on
rencontrait le précepteur et l'enfant se promenant dans
les belles allées du parc, ou s'asseyant à l'ombre de
quelques bosquets; un groupe de marbre taillé par Puget devenait le sujet d'une conversation où les ingénieuses fictions de la mythologie trouvaient leur expli-
cation, et où l'histoire ni l'art n'étaient oubliés.

Une autre fois une belle plante, une fleur au suave
parfum, un léger papillon aux ailes d'or, ou l'un de ces
petits chanteurs que le Dieu, qui a élevé le cèdre des
forêts et les hautes montagnes, a créés pour donner
une voix au jour qui naît ou à la nuit qui descend, devenait le sujet des questions naïves de l'enfant et des
réponses ingénieuses ou profondes du précepteur, qui
faisait remonter cette jeune âme des beautés de la création à la sagesse et à la bonté du Créateur.

Fénelon n'oubliait pas que le développement de l'intelligence n'est qu'un danger pour l'homme dont la
conscience n'est pas droite. Si pour tout homme la conscience est la règle des sentiments et des pensées, l'a-
bri contre les passions, la force contre la faiblesse de la
nature et ses entraînements, combien n'est-elle pas utile
à un roi qui n'a point de juge sur la terre !

Pour agir sur son élève, Fénelon se servit de deux
mobiles : la religion et l'honneur. Il lui apprit à se
vaincre au nom de l'honneur, et l'enfant, qui n'avait
que huit ou dix ans, écrivait lui-même après avoir

commis une faute ce qu'il appelait ses engagements d'*honneurs* : « Je promets, foi de prince, à M. l'abbé de Fénelon de faire sur-le-champ ce qu'il m'ordonnera et de lui obéir dans le moment qu'il me défendra quelque chose, et si j'y manque, je me soumets à toute sorte de punition et de *déshonneur*. »

L'Évangile a dit : « Heureux les doux, car ils posséderont la terre ! » Cette domination de la douceur qu'avait si éminennent Fénelon vainquit la violence et l'âpreté de la nature du petits-fils de Louis XIV, à tel point que madame de Maintenon disait : « Sa piété l'a tellement métamorphosé, que d'emporté qu'il était, il est devenu doux, modéré, complaisant, on dirait que c'est là son caractère et que la vertu lui est naturelle. »

Avant de quitter le prince enfant pour le retrouver dans tout l'éclat de sa vertueuse jeunesse, assistons, si vous voulez, à sa première audience. Elle fut donnée à la Fontaine, qu'il appelait son poëte et qui continue à être depuis celui de tous les enfants, ce qui ne l'empêche pas d'être celui des hommes, car on trouve tout dans ses fables, la grâce de la forme qui plaît au jeune âge, et la saveur du sens qui satisfait l'âge mûr.

Ardent et sensible, le jeune prince avait conçu le plus vif désir de voir l'homme auquel il devait les plus agréables moments de ses études. Il le reçut avec une grâce enfantine, tout à fait charmante ; mais les dehors négligés du fabuliste qui s'en allait *mangeant son bien avec son revenu* ne lui échappèrent pas. Aussi, après le départ du *bonhomme*, il s'informa de sa position, et, comme Fénelon ne lui cacha pas la gêne du grand écrivain, il l'inscrivit comme pensionnaire de sa petite liste civile.

Le désintéressement de Fénelon était si grand, qu'il fut obligé de se faire aider de la bourse d'une parente pour continuer à rester à la cour. Le roi, qui s'étonnait que le précepteur des fils de France n'eût encore fait demander aucune faveur, le nomma en 1694 à l'archevêché de Cambrai. Ce fut un jour de fête pour le duc de Bourgogne, si reconnaissant envers Fénelon, que celui où il le vit sacrer à Saint-Cyr. Madame de Maintenon avait demandé comme une grâce que cette belle cérémonie y eût lieu, et Bossuet avait tenu à être le consécrateur.

Peu d'années s'étaient écoulées depuis cette solennité lorsque la porte du cabinet du roi s'ouvrait pour laisser passer le duc de Bourgogne, les yeux pleins de larmes. Ce jeune prince avait appris la décision du roi qui exilait l'archevêque de Cambrai dans son diocèse, au sujet de l'affaire du quiétisme. Il se jeta aux pieds de son aïeul, et, avec une ingénuité touchante, il osa lui dire : « Considérez ce que M. de Cambrai a fait de moi ; vous n'avez pas oublié mon enfance, mon éducation déclarée impossible à tout autre, et vous voyez le résultat de son dévouement. N'y a-t-il pas là un service que ne saurait faire oublier une erreur commise dans une controverse ? » Louis XIV attendri releva le noble adolescent, mais il lui adressa ces paroles inflexibles et si justes en même temps : « Mon fils, je ne suis pas maître de faire de ceci une affaire de faveur, il s'agit de la pureté de la

foi, et M. de Meaux en sait plus sur cette partie que vous
et moi. »

La querelle du quiétisme avait pris, en effet, après
l'élévation de Fénelon à l'épiscopat, une importance
toute différente de celle qu'elle pouvait avoir tant que,
simple prêtre, il était soumis aux évêques. Cette question fut une cause de scandale à cette époque où l'esprit de controverse était général, où les femmes de la
cour lisaient, comme madame de Sévigné, Pascal,
Arnauld, Nicole, saint Augustin, Malebranche, et
Louis XIV avait compris la grande mission pour laquelle Dieu suscitait en Bossuet un nouveau Père de
l'Église.

XI

La petite princesse de Savoie; Madame de Maintenon; Saint-Cyr; anecdotes. — Mariage du duc de Bourgogne. — La duchesse va montrer sa toilette de mariée à Saint-Cyr.

Le duc de Bourgogne allait bientôt devenir un homme; Louis XIV a songé à lui préparer une compagne digne de lui. Il nous faut maintenant retourner un peu sur nos pas pour voir arriver un nouvel hôte attendu à Versailles. Les appartements de la Dauphine où personne n'était entré depuis sa mort, ont été rouverts. Les apprêts les plus somptueux ont été faits; un ameublement entièrement neuf y a été apporté. Quel luxe de glaces, de dorures, de sculptures! Tout ce que la dentelle, la soie et le satin peuvent produire de plus merveilleux, les bois les plus précieux et les plus admirablement ouvragés, les porcelaines les plus fines, l'orfévrerie la plus riche, y ont été prodigués pour faire de cet appartement une demeure digne d'une fée. N'en était-ce pas une, en effet, que cette duchesse de Bourgogne pour laquelle le grand roi avait ordonné toutes ces merveilles ?

Pour le moment (1696), c'est une enfant de dix ans élevée par une mère française, la duchesse de Savoie, fille de Monsieur. Malgré les triomphes de Catinat sur son père, elle vient d'être accordée au petit-fils de Louis XIV, ses appartements sont prêts, on l'attend; mais à peine le roi a-t-il appris qu'elle a passé la frontière, qu'il emmène au-devant d'elle toute la famille royale, et c'est lui-même qui racontera à madame de Maintenon, restée à Versailles, sa première entrevue avec la petite princesse. Cette lettre est si charmante de bonté, de simplicité, elle peint si bien ce qu'était alors Adélaïde de Savoie, que nous céderons la place au roi. La rencontre se fit à Montargis :

« Je suis arrivé ici devant cinq heures, la princesse n'est venue qu'à près de six. Je l'ai été recevoir à son carrosse. »

Le roi, en effet, entendant l'arrivée de la voiture, descendit, et, écartant avec une bonté familière le marquis de Dangeau chevalier d'honneur : « Pour aujourd'hui, lui dit-il, vous voulez bien que je fasse votre charge ? » Puis, montant dans le carrosse, il prit paternellement dans ses bras cette enfant et l'embrassa avec une tendresse qui l'émut vivement, et l'attacha dès lors au roi par la plus vive et la plus touchante affection; mais laissons continuer Louis XIV;

« Elle m'a laissé parler le premier et m'a répondu

6

avec un petit embarras qui vous aurait plu. Je l'ai menée dans sa chambre au travers de la foule, la laissant voir de temps en temps en approchant les flambeaux de son visage; elle a soutenu cette marche et ces lumières avec grâce et modestie... Elle a la meilleur grâce et la plus belle taille que j'ai jamais vues, habillée à peindre et coiffée de même, des yeux vifs et beaux, des paupières noires et admirables, le teint fort uni, blanc et rouge, comme on peut le désirer, les plus beaux cheveux noirs que l'on puisse voir et en quantité. Elle est maigre comme il convient à son âge, la bouche fort vermeille, les lèvres grosses, les dents blanches, longues et très-mal rangées, les mains bien faites, mais de la couleur de son âge. Elle parle peu, au moins à ce que j'ai vu, n'est point embarrassée qu'on la regarde, comme une personne qui a vu le monde. Elle fait mal la révérence et d'un air un peu italien. Elle a quelque chose d'une italienne dans le visage, mais elle plaît, et je l'ai vu dans les yeux de tout le monde. Pour moi, j'en suis tout à fait content. Plus je vois la princesse, plus je suis satisfait; nous avons été dans une conversation publique, où elle n'a rien dit, c'est tout dire... Nous avons soupé, elle n'a manqué à rien et est d'une politesse surprenante à toutes choses... Quand il faudra un jour qu'elle représente, elle sera d'un air et d'une grâce à charmer, et avec une grande dignité et un grand sérieux. » Cette politesse, qui faisait qu'à chaque service rendu par le moindre officier la petite princesse le remerciait, amusa beaucoup le roi.

Le roi lui présenta lui-même tous les princes. Monseigneur, son beau-père, lui demandait en riant si elle le trouvait de belle taille, — on sait que ce prince était très-gros, — la petite princesse eut un moment d'embarras, puis elle dit qu'elle s'attendait à le trouver beaucoup plus gros, mais qu'elle ne trouvait pas qu'il le fût trop.

Louis XIV finit par lui présenter son jeune fiancé qui, pour le moment, dut lui paraître un compagnon de jeu.

Peu de jours après l'entrevue de Montargis, Versailles en fête attendait l'entrée de la petite princesse. Elle fut splendide ; la future duchesse de Bourgogne portait sur elle les diamants de la couronne que le roi lui avait envoyés à Fontainebleau. La famille royale toute entière l'escortait, et ce fut le roi qui conduisit l'heureuse jeune fille dans ses magnifiques appartements.

Cependant on n'oublia pas que cet enfant n'avait pas onze ans, et que le séjour de la cour n'était pas encore fait pour elle. Tandis que le duc de Bourgogne poursuivait ses études sous la direction de ses habiles maîtres, Adélaïde de Savoie dut elle-même continuer son éducation sous les yeux de madame de Maintenon. C'était à elle que l'honneur devait naturellement en revenir, et nulle autre, il faut le dire, n'était plus capable de remplir cette importante mission.

En dépit des calomnies répandues par Saint-Simon sur cette femme remarquable, sa vertu irréprochable, les grandes et saintes œuvres qui furent la véritable occupation de toute sa vie et pour lesquelles elle employa son pouvoir et sa faveur, sa réputation tellement pure que personne ne douta de son mariage avec Louis XIV, quoique aucune preuve n'en eût été publiée et que jamais elle-même n'en ait parlé, tout cela fait de madame de Maintenon une grande et noble figure.

Son véritable défaut, celui qui longtemps avait éloigné d'elle le roi et qui, agissant encore aujourd'hui sur la postérité, fait que ceux-mêmes qui l'estiment l'admirent plus qu'ils ne l'aiment, ce fut cette grande sagesse, toujours prudente, mesurée, exigeante pour elle et pour les autres, où tout est prévu, combiné, raisonné sans que rien soit jamais donné à l'émotion ou à l'entraînement. Fénélon, sur sa demande, a tracé son portrait, et on ne saurait rien y ajouter, rien en retrancher. Le voici :

« Vous êtes bonne à l'égard de ceux pour qui vous avez de l'estime, vous êtes froide dès que ce goût vous manque. Quand vous êtes sèche, votre sécheresse va assez loin ; ce qui vous blesse vous blesse vivement.

« Vous tenez par un sentiment de mauvaise gloire au plaisir de soutenir votre prospérité avec modération et de paraître par votre cœur au-dessus de votre place.

« Vous êtes naturellement disposée à la confiance pour des gens de bien dont vous n'avez pas assez éprouvé la prudence ; mais, quand vous commencez à vous défier, votre cœur s'éloigne d'eux trop brusquement, Il y a cependant un milieu entre l'excessive confiance qui se livre et la défiance qui ne sait plus à quoi s'en tenir, lorsqu'elle sent que ce qu'elle croyait tenir lui échappe.

« On dit, et selon toute apparence avec vérité, que

vous êtes sévère, qu'il n'est pas permis d'avoir des défauts avec vous, et qu'étant dure à vous-même, vous l'êtes aussi aux autres, que quand vous commencez à trouver quelque faible dans les gens que vous avez espéré de trouver parfaits, vous vous en dégoûtez trop vite, et que vous poussez trop loin votre dégoût. »

Fénelon ne fut pas longtemps sans apprendre par sa propre expérience à quel point il avait justement apprécié cette femme, alors assez son amie pour qu'il osât lui parler de ses défauts. Ces défauts mêmes n'étaient en quelque sorte que l'excès de ses qualités, et madame de Maintenon, pleine de tact, de sens et de sagesse, devait avoir la plus heureuse influence sur la jeune princesse, qui elle-même était douée d'un tact naturel qui n'était pas exempt d'une certaine finesse, à laquelle se joignait une ravissante candeur.

Saint-Cyr présentait les plus grandes ressources pour la fin de cette éducation si bien commencée par une mère française.

Quelques jours après son arrivée à Versailles, toute la maison royale attendait donc la petite princesse : la communauté en longs manteaux la reçut à la porte de clôture, la supérieure la complimenta, puis on la conduisit à la chapelle entre deux haies formées par toutes les élèves qui saluaient son passage, et ensuite s'unissaient à son cortége; de là on se rendit aux classes et les élèves de son âge jouèrent une petite scène où elles mêlèrent les éloges de la royale enfant, qui, ravie de tout ce qu'elle voyait dans cette maison, n'eut plus d'autre désir que d'y revenir.

6.

C'était ce que madame de Maintenou avait espéré. La petite princesse revint en effet, non plus pour être reçue avec tous les honneurs rendus une première fois à son rang, mais comme l'une des pensionnaires de ce royal établissement. Plusieurs fois par semaine elle suivait les classes, traitée avec respect mais sans cérémonie, interrogeant, interrogée, sous le pseudonyme de mademoiselle de Lastic, et portant le vêtement des élèves dont elle suivait tous les exercices et partageait souvent les récréations. Elle ne conservait qu'un privilége, celui d'aider celle de ses compagnes dont la misère cachée lui était confidentiellement découverte par Madame de Maintenon. « Travaillons, disait madame de Maintenon, à tempérer l'air de grandeur que l'on respire à Versailles, afin que la princesse ait de la dignité sans orgueil.» Cette éducation réussissait à merveille, la princesse y apprenait la modestie dans les goûts, les habitudes d'une piété simple et droite, « toutes choses, disait encore madame de Maintenon, qu'on n'apprend pas à la cour. »

Un an après la première visite de la princesse à Versailles, une pompe nouvelle l'y attendait, c'était la veille de son mariage ; le roi, comme il le lui avait promis, l'avait fixé au jour de ses douze ans. La veille donc, par une aimable pensée, Adelaïde de Savoie voulut venir montrer sa magnifique toilette de mariée à Saint-Cyr. Comme la première fois toute la communauté la reçut à la porte, la jeune fille avait grand peine à soutenir sa lourde robe de brocart d'argent et surchargée de broderies en relief, il fallut l'aider pour qu'elle put marcher jusqu'à l'église, où tout le monde entonna le *Te Deum*.

Ce chant de triomphe, madame de Maintenon le répéta dans le fond de son cœur, elle avait atteint son double but : cette jeune princesse, pleine d'attachement pour Saint-Cyr, serait dans l'avenir la meilleure protectrice de cette maison. Élevée parmi les filles de la pauvre noblesse, elle serait compatissante aux maux des serviteurs de la royauté. Reine plus tard, elle saurait tendre la main à la souffrance qu'elle avait vue de près.

XII

Mass'llon prêche l'Avent de 1699 à Versailles. — L'adoration de la Croix. — Le serment de vassalité du duc de Lorraine. — Le duc de Bourgogne est admis au Conseil des dépêches.

La princesse s'était préparée à ce grand et sérieux acte de son mariage avec un soin exemplaire; après une confession générale, elle avait reçu la communion des mains de Bossuet son aumônier. Celui-ci, commençant ce jour-là les fonctions de sa charge, avait dû prêter serment entre les mains de la future duchesse de Bourgogne, qui le voyant à ses genoux lui dit cette charmante parole: « Je suis vraiment confuse d'avoir une si bonne tête à mes pieds. »

Huit dames avaient été aussi attachées à la princesse. On avait choisi les plus vertueuses et celles dont l'exemple pouvait avoir sur elle la meilleur influence : c'étaient la duchesse de Sully, mesdames de Maurepas, de Torcy, de Barbézieux et de Mornay; mesdemoiselles d'Ayen, de Chevreuse et d'Aubigné.

Le 7 décembre 1697, avant midi, le duc de Bourgogne

alla chez la princesse, où se trouvait monseigneur le grand Dauphin, Monsieur, les princes et les princesses; ils allèrent alors trouver le roi qui les attendait dans son salon.

Le cortége reprit sa marche jusqu'à la chapelle où d'abord eut lieu la cérémonie des fiançailles; le cardinal de Coislin, qui officiait, dit quelques prières tout bas pour laisser un peu de temps entre les fiançailles et le mariage. Puis la cérémonie se termina. A la fin de la messe les jeunes époux signèrent sur le livre du curé. Ce livre était simplement le registre de la paroisse où s'inscrivaient baptêmes, mariages, enterrements, aussi bien pour les gens du peuple que pour les princes, de de telle sorte que les signatures du duc et de la duchesse de Bourgogne furent suivies de celles du baptême d'Antoinette Niquaise, fille d'un petit marchand de la ville.

Toutes les fêtes que nous avons jusqu'à présent décrites furent effacées par l'éclat de celles des noces de l'héritier du trône. Elles durèrent huit jours; tous les princes du sang s'assirent à la table du roi, ce que l'étiquette ne permettait qu'en pareille occasien. Nous ne parlerons que d'une seule de ces féeries dont nous empruntons la description au *Mercure*.

« La galerie du château fut éclairée, par quatre mille bougies, et les dames parurent toutes en velours noir, étincelantes de pierreries. Les hommes étaient également surchargés de diamants. Le bal fut suivi d'une collation aussi somptueuse qu'élégante, elle offrait en plein hiver tous les agréments du primtemps réunis aux richesses de l'automne. Une infinité de tables ambulantes présentaient des parterres émaillés de fleurs. Ce service étonna tous les convives; le roi et les jeunes époux en firent les honneurs.

« Des malfaiteurs trouvèrent moyen de se glisser parmi cette noble assemblée, ils y volèrent beaucoup de pierreries, ils allèrent même jusqu'à couper un morceau de la robe de la duchesse de Bourgogne, pour enlever une agrafe de diamants. »

Quant aux jeunes princes, objets de tant de joie et de réjouissances, leur vie ne fut guère changée par cette union qui n'était pour le moment que l'indissolubilité des engagements pris entre la France et la Savoie. Seulement le jeune prince vint tous les soirs jouer chez sa femme au lieu de n'y venir que tous les quinze jours, et il conserva ses précepteurs jusqu'en 1699, époque où, le mariage pris au sérieux, on lui forma sa maison en attachant à sa personne le marquis d'O, le marquis de Chiverny et M. de Saumery. Le duc de Bourgogne, pour fêter sa position nouvelle, voulut donner un dîner à la duchesse de Bourgogne, où il invita madame de Maintenon et quelques dames de l'intimité de la princesse. Il voulut que personne n'assitât à ce repas, et s'affranchit même ce jour-là du service des officiers de la bouche. De petites tables furent mises à côté de la grande, et les dames y prenaient des assiettes et se servaient à boire elle-même. C'est ainsi que le duc de Bourgogne cherchait à se délivrer des ennuis de l'étiquette. Parmi les jeunes femmes dont la duchesse de Bourgogne s'entourait le plus souvent, il y en avait de si jeunes, que cinq d'entre elles réunies, les comtesses d'Ayen et d'Estrées, les marquises de Lavallière et de Maulevrier et une autre dont le nom m'échappe, ne pouvaient pas former à elles toutes un total de soixante-dix ans. Aussi la cour semblait-elle renouvelée, et les plaisirs, pour lesquels la duchesse de Bourgogne, qui jusque-là n'avait été distraite que par les marionnettes, les loteries et les jeux d'enfants, paraissait avoir du goût, se disposaient-ils à renaître comme aux plus beaux jours de la jeunesse du roi.

Cette dernière année d'un grand siècle nous arrêtera quelques moments. Suivons d'abord la cour pendant les cérémonies religieuses de la Semaine sainte, pour assister à un beau spectacle. C'est le Vendredi saint ; le grand escalier de marbre, célèbre par la belle parole de Louis XIV au grand Condé vieilli, qui en montait les degrés sous les regards du roi et s'excusait de sa lenteur : « Mon cousin, lui dit Louis XIV, quand on est comme vous chargé de lauriers, on ne saurait monter plus vite ; » ce grand escalier avait été choisi pour le lieu de l'adoration dè la Croix.

La famille royale en monta les degrés avec recueillement et en silence entre deux haies de courtisans en costume de cour. On voyait là le roi, monseigneur le Dauphin, le duc et la duchesse de Bourgogne, et à leur suite, le duc d'Anjou, le duc de Berry, la princesse de Conti, le comte de Toulouse, enfin tous les princes présents à Versailles. Au haut de l'escalier, une grande croix reposait sur un magnifique coussin de velours brodé d'or, et chaque prince vint à son tour se prosterner, baiser l'image du divin Maître, et abaisser sa couronne devant la couronne d'épines. Hélas! la couronne des rois et des grands ressemble souvent plus qu'on ne le pense à la couronne de l'Homme des douleurs !

Ce fut pendant l'Avent de cette même année que parut pour la première fois dans la chaire de la chapelle de Versailles un oratorien, qui, depuis quelques années, attirait chaque carême la foule à l'église de l'Oratoire de la rue Saint-Honoré. A l'imposant auditoire d'une cour comme celle de Louis XIV, se joignait la présence de Bossuet plus imposante peut-être pour ce prédicateur, qui n'était autre que Masillon.

Les Mémoires du secrétaire de l'évêque de Meaux nous diront l'effet du premier sermon. « On ne trouva « pas son mérite digne de sa réputation ; son premier « discours, qui était contre les libertins, et qu'il avait « assez mal amené à l'évangile du jour, parut faible : « on loua sa piété et sa modestie, sa voix douce, son « geste réglé, jusqu'à lui accorder, contre l'avis de « quelques-uns, la grâce de l'élocution. On trouva de « la politesse dans ses discours, des termes choisis et « de l'onction ; il fut bien écouté, et le roi et la cour en. « furent édifiés. »

Cependant Bossuet — l'abbé Ledieu nous le dit un peu plus loin — jugea Massillon bien éloigné du sublime et pensa qu'il n'y parviendrait jamais. C'était pourtant Massillon qui devait quelques années plus tard s'écrier en face du cercueil du grand roi : « Dieu seul est grand ! » cri sublime que n'eût pas désavoué Bossuet. N'importe ! en cela comme en beaucoup d'autres choses, Bossuet avait raison. La postérité a ratifié son jugement. Massillon n'est le premier que sur le second plan des prédicateurs sacrés du dix-septième siècle.

Louis XIV apprécia beaucoup le talent du nouveau prédicateur, à qui il décerna le plus bel éloge que puisse recevoir un ministre de l'Évangile : « Ordinairement je sors du sermon content de l'orateur ; aujourd'hui j'en sors mécontent de moi-même. »

Le dix-septième siècle, qui devait emporter tant de choses, semble n'avoir pas voulu finir sans rappeler une des plus anciennes coutumes de l'antique monarchie : le serment de foi et hommage d'un prince vassal à son suzerain. Le duc de Lorraine, qui avait épousé Mademoiselle, fille de Monsieur, charmante princesse, dont le départ de Versailles avait excité une douleur universelle, venait prêter foi et hommage pour le duché de Bar et autres domaines mouvants de la couronne.

« Voici d'après le *Mercure*, comment se passa cette cérémonie. Le roi attendit le duc de Lorraine dans son salon, assis dans un fauteuil et le chapeau sur la tête. Lorsque le prince vassal entra, le roi ne se leva ni ne se découvrit. Le duc de Lorraine fit trois profondes révérences, puis ayant ôté son épée, son chapeau et ses gants, il se mit à genoux sur le carreau qu'on lui avait préparé aux pieds de Louis XIV, il mit les mains dans celles du roi et prêta cet antique serment de vassalité, qui ne devait plus se renouveler. »

Mais le fait important qui termine le siècle est sans contredit l'introduction du duc de Bourgogne au conseil des dépêches, le 26 octobre 1699. C'était le témoi-

gnage le plus éclatant que Louis XIV, qui n'avait permis
au grand Dauphin d'entrer au conseil qu'à l'âge de trente
ans, pût rendre au mérite du jeune prince. Il faut reconnaître que chaque jour le duc de Bourgogne semblait
croître en intelligence et en vertu. Séparé de Fénelon
avec lequel il ne lui était pas permis de correspondre,
il recevait en secret, par l'entremise du duc de Beauvilliers, ses conseils qui lui retraçaient constamment ses
devoirs avec une sévère tendresse : « La religion ne
« consiste pas, lui répétait son ancien maître absent,
« dans une scrupuleuse observance de petites forma-
« lités, elle consiste pour chacun dans les vertus pro-
« pres de son état. Un grand prince ne doit pas servir
« Dieu de la même façon qu'un solitaire ou un par-
« ticulier. »

Docile à ces conseils, le prince, entre dix-huit et vingt
ans, sembla arriver à une si grande perfection, que
Saint-Simon a pu dire de lui, sans être démenti par
personne : « Il était doux, affable, humain, patient et
modeste autant qu'il le pouvait sans messéance, humble
et austère, tout appliqué à ses devoirs et les comprenant immenses. »

Tel était le jeune prince auquel Louis XIV donnait
cette haute marque de confiance et d'estime. Le dix-
septième siècle, qui s'était ouvert sur les dernières années de Henri IV, se fermait ainsi plein d'espoir. Jamais
la France n'avait eu plus de droits d'avoir confiance
en elle et en ses destinées, et Louis XIV, entouré de
son fils et de ses trois petits-fils, pouvait répéter cette
parole qu'il avait dite au moment de la majorité du

duc de Bourgogne : « Il n'y a point de minorité à craindre, et c'est chose rare de voir à la fois le père, le fils et le petit-fils en âge de régner. »

Vanité de la prudence humaine ! N'apercevez-vous pas derrière les fils de France ce jeune duc de Chartres, l'élève de Dubois, et à la suite du règne de Louis XIV, non pas une minorité et une régence ordinaire, mais la minorité de Louis XV et la régence du duc d'Orléans?

XIII

Ce fut en dansant que la France entra dans ce terrible dix-huitième siècle dont la fin devait être si sombre, qui s'ouvre sur le couchant du règne de Louis XIV, se ferme sur l'aurore de Napoléon, après avoir vu Louis XV, Voltaire, Robespierre et le vertueux Louis XVI, dont, hélas! la royale tête était marquée pour l'échafaud!

Depuis les belles années de Louis XIV, la cour et la ville n'avaient pas repris aussi complétement les livrées du plaisir qu'à l'époque où la duchesse de Bourgogne réveilla par sa présence cette gaieté, cet entrain de la eunesse à laquelle tout sourit. Paris l'avait acclamée avec enthousiasme quelque temps après son mariage; elle était entrée dans la grande cité par la porte Saint-Honoré au pas de ses huit chevaux blancs, escortée d'une suite brillante.

Descendue à la foire Saint-Laurent, elle excita un enthousiasme universel. Les splendeurs et le bon goût de sa parure rehaussaient la grâce charmante de sa taille. Son habit gris de lin était couvert de dentelles d'argent, de rubis et d'émeraudes. Sa coiffure étincelante de pierreries et son collier de diamants complétaient sa toilette. C'est ainsi qu'elle se promena au milieu de la foire, entrant dans les boutiques, s'arrêtant aux danseurs de corde et aux marionnettes, acceptant même une collation qui lui était offerte dans l'arrière-boutique d'un riche bijoutier, et se faisant précéder par d'abondantes aumônes distribuées en son nom. Elle ne plaisait pas moins à Versailles qu'à Paris. La femme avait tenu ce que promettait l'enfant. Douce, bonne, ayant cette aimable timidité si charmante chez les grands quand elle n'est pas mêlée de gaucherie, elle était complaisante, même pour sa cour. Sans beauté, elle séduisait au dernier point. « Ce qui charmait en elle, dit Saint-Simon, c'était les grâces qui naissaient d'elles-mêmes de tous ses pas et de ses moindres discours. Son air simple, naturel, quelquefois naïf, mais assaisonné d'esprit, ravissait sans cesse, et l'aisance qu'elle avait en elle et qu'elle communiquait à tout ce qui l'approchait achevait d'enchanter jusqu'aux plus médiocres et aux plus inutiles personnes ; elle voulait plaire et leur plaisait, sans qu'elle parût le rechercher. Sa gaieté donnait l'âme à tout, et une vivacité et une légèreté de nymphe remplissaient tout un lieu, comme un tourbillon qui donne le mouvement et la vie à tout. »

Marly, partagea promptement avec Versailles l'honneur de la résidence du roi et de la cour. Nous devons suivre le grand roi un peu partout, pour conserver à notre travail son plus grand intérêt, qui est d'être une étude fidèle et comme une manifestation de la vie intime de la royauté dans le grand siècle. Le château de Marly, entouré de douze pavillons, comme le soleil des douze signes du zodiaque, se faisait remarquer par de magnifiques arbres. Le plus grand plaisir du roi, dans ce parc de plus de trois mille arpents, c'était de planter, selon l'expression de Dangeau. Planter, c'était faire conduire des arbres tout venus et les placer en allées, en massifs, selon le goût du prince. De sorte que ce parc présenta, en quelques années, l'aspect le plus touffu, le plus ombragé ; on goûtait, en outre, dans ses vertes retraites, une fraîcheur délicieuse ; car au milieu des massifs de verdure se précipitait, du haut Marly, une cascade grosse comme une rivière, roulant sur soixante-trois degrés de marbre pour se perdre au milieu des bosquets et des pièces d'eaux.

Les séjours à Marly, que l'on appelait *les Marly*, étaient à Versailles ce que sont les réunions de familles aux réceptions de cérémonie. Un nombre restreint d'invités, choisis parmi les habitués de Versailles, tout en y gardant l'étiquette, s'y sentait plus à l'aise. Ce fut à Marly qu'eut lieu le brillant carnaval de 1700. Les fêtes du carnaval amenaient à la cour des mascarades fort curieuses. Les premiers carnavals de Versailles ne se composaient que d'un divertissement, dont chaque personnage soutenait son rôle pendant un mois, c'est-à-dire pendant toute la durée des fêtes carnavalesques. C'était un grand ballet mêlé de récits et formant un sujet unique. Les comédies de Molière vinrent heureusement diversifier la monotonie de ce plaisir qui, en se prolongeant finissait par fatiguer. Du reste, nous retrouvons dans ces comédies ce mélange de ballets dont l'intercalation au milieu de l'action et de l'intrigue ne s'expliquerait guère si l'on ne remontait à l'usage primitif. Cependant la diversité reprit son empire, et l'on en revint aux bals et aux mascarades changeant chaque soir. Les déguisements étaient souvent curieux ou bizarres. « Un quadrille fut composé d'un jeu de quilles. Les personnages de ce quadrille étaient assis sous ces quilles peintes de diverses couleurs Un autre quadrille représenta les ifs du parc. Un officier de la cour se montra un soir déguisé en vase de fleurs. Lorsqu'il voulut danser, le pied du vase, grâce à un mécanisme ingénieux, se partagea en deux pieds naturels, les anses en deux bras, le couvercle parut s'élever et donna passage à une tête. Enfin, l'un des princes trouva moyen, à l'aide d'un ressort, de changer plusieurs fois de costume au milieu du bal sans que personne se doutât du moyen de ce changement à vue, qui escamotait sur place l'ancien costume pour le remplacer par le nouveau.

Le bal masqué qui ouvrit le carnaval de 1700 à Marly, surpassa toutes les féeries qui avaient été admirées jusque-là. Chaque princesse adopta pour elle et sa suite un genre de costume. La duchesse de Bourgogne,

représentant Flore, avait habillé ses dames en nymphes, formant la cour de la déesse des parterres. La
princesse de Conti était en amazone; la duchesse de
Chartres et ses dames en sultanes très-richement
vêtues. D'autres avaient adopté le costume espagnol.
Toute l'assemblée étant réunie, on vit paraître la mas-
carade ayant pour titre : les amazones. Un timbalier
maure marchait en tête monté sur un chaméau ;
venaient ensuite des amazones chantantes, auxquelles
des Sarmates et des Scythes donnèrent pour divertisse-
ments un combat de gladiateurs et des exercices de
voltiges sur un cheval de bois. « Les entrées de ballet
furent dansées par Ballon et Desmoulins, et entremêlées de chansons par les filles de la musique du
roi. »

La duchesse de Bourgogne dansait à ravir et aimait
le plaisir. Versailles lui préparait, au retour de Marly,
des fêtes qui furent non-seulement brillantes, mais
qui offrirent un caractère tout à fait nouveau.

L'hôtel de Pontchartrain, si souvent ouvert aux pauvres, s'ouvre aujourd'hui aux heureux du monde. Le
chancelier, la chancelière, leur charmante belle-fille,
attendent au bas de l'escalier, orné de fleurs et resplendissant de lumière, le duc et la duchesse de Bourgogne.
Les princes arrivés, on ouvre les portes des plus magnifiques salons dans lesquels se répandent une foule nombreuse et choisie. La fête est complète et des plus
originales; il y a tout à la fois bal, comédie et
foire. La salle de spectacle est éclairée par deux ou
trois cents lumières, si bien dissimulées qu'on en

reçoit l'immense clarté sans pouvoir deviner ce qui la produit.

« La salle des rafraîchissements présente un aspect tout particulier. Au lieu de tables où d'étagères, ce sont des boutiques décorées avec soin et servies par un marchand appartenant au pays d'où vient la denrée qu'il distribue. La boutique de pâtisserie est tenue par un Français du Nord, celle d'oranges et de citrons par un Provençal. Une limonadière italienne verse dans des cristaux magnifiques les boissons glacées. Un Arménien sert dans des porcelaines antiques du chocolat, du thé, du café. Les brillants costumes étrangers, l'idiome de chaque pays, ajoutent à l'illusion, qui se termine par un chœur chanté en parfaite harmonie : chaque chanteur conservant cependant son idiome. »

Ces fêtes se renouvelaient tous les soirs, au bal de M. le Prince. La salle des festins représentait la salle du trône de l'empereur de la Chine. Cinq gradins superposés se terminaient par le trône de Sa Majesté Céleste, représentée par une figure chinoise ayant plus de quatre pieds de haut et flanquée de deux pauvres petits mandarins à l'air humble et soumis. Quatre hauts orangers les abritaient, parfumant l'air de leurs blanches fleurs et charmant les yeux de leurs fruits d'or. Les gradins inférieurs qui servaient de buffets étaient recouverts de précieuses étoffes des Indes. C'étaient des Chinois qui servaient, il y en avait vingt-quatre ; douze pagodes de porcelaines alternaient avec douze officiers de service costumés, sur le même modèle et si immobiles, qu'on n'eût pu distinguer les officiers des pagodes. Lorsque

7.

la duchesse de Bourgogne entra, les pagodes vivantes et les postiches remuèrent toutes la tête également comme pour la saluer. Seulement l'illusion n'alla pas plus loin, et les pagodes vivantes seules se levèrent pour servir le souper sur une multitude de petites tables sorties de dessous le buffet. Les fruits magnifiques qui les couvraient ne provenaient pas des gradins chargés d'oranges et de grappes de raisin dignes de la terre promise qui montaient jusqu'au trône chinois.

C'est ainsi que de fête en fête, soit à la cour, soit chez les princes et en particulier chez la duchesse du Maine qui, à Versailles comme à Sceaux et à Clagny, éclipsait tout le monde par la variété des plaisirs dont ses salons étaient le rendez-vous, on arriva à la fin du brillant carnaval de 1700; le premier auquel la jeune duchesse de Bourgogne ait eu le droit d'assister entiè-rement.

XIV

**Louis XIV présente le duc d'Anjou comme roi d'Espagne
à sa cour.**

Le 16 novembre 1700, les portes du cabinet de
Louis XIV s'ouvrirent, et l'ambassadeur d'Espagne,
invité à y entrer, se trouva devant Louis XIV et le
duc d'Anjou. Le roi lui dit qu'il pouvait saluer le
jeune prince comme son souverain. Le grand d'Espagne se jeta à ses genoux et lui fit un compliment
en langue espagnole auquel Louis XIV répondit,
excusant son petit-fils de ne savoir pas cette langue.
Puis, il fit ouvrir les deux battants de la porte de
son cabinet, qui fut bientôt rempli de princes et de
courtisans. Alors, avec un geste plein de majesté,
« Messieurs, dit-il à l'assistance, voilà le roi d'Espagne !
la naissance l'appelait à cette couronne, et le feu roi
l'y appelle par son testament. Toute la nation l'a sou-
haité et me l'a demandé. C'était l'ordre du ciel, je l'ai
accordé avec plaisir. » Et se tournant vers le jeune

souverain : « Soyez bon Espagnol, lui dit-il, c'est votre premier devoir ; mais rappelez-vous que vous êtes prince français. »

Les deux frères du duc d'Anjou, vivement émus, se jetèrent dans ses bras, et ces trois jeunes gens qui s'aimaient tendrement, fondirent en larmes. Les courtisans félicitaient l'ambassadeur d'Espagne, qui répondit ce mot célèbre, attribué à Louis XIV lui-même : « Les Pyrénées sont fondues, elles sont abîmées et nous ne sommes plus qu'un. »

L'audience étant terminée les deux rois se rendirent à la chapelle. Louis XIV fit marcher Philippe V à côté de lui, à sa droite. Ils entendirent la messe à la tribune, et le roi, s'étant aperçu que l'on avait omis de placer un carreau devant le roi d'Espagne, voulut lui donner le sien, ce que le jeune prince refusa. Alors Louis XIV écarta le carreau de ses genoux, ils n'en eurent ainsi ni l'un ni l'autre. Ces honneurs continuèrent à être rendus au roi d'Espagne en public, tandis qu'en particulier l'aïeul et le petit-fils reprenaient leur mutuelle position. Au repas, Philippe V eût un fauteuil comme le roi et la droite sur lui, et ses frères n'eurent que des pliants. Quand, selon l'étiquette, on criait à boire pour le roi d'Espagne, les spectateurs répondaient par une explosion de joie. Enfin c'étaient à qui fêterait et ferait plus d'honneur au jeune souverain, et le grand Dauphin disait avec sa bonté ordinaire : « Je crois qu'aucun homme ne s'est trouvé dans ma position pouvant dire : « Le roi mon « père et le roi mon fils. » Il rendit au duc d'Anjou à

Meudon les honneurs royaux, allant le recevoir lui-même à son carrosse.

Ces quelques jours de plaisir passèrent vite. Le moment vint où il fallut prendre au sérieux cette royauté qui devait être plus tard si amère au petit-fils de Louis XIV. Il fallait quitter ce beau pays de France , ce Versailles où il était né, cette royale famille unie entre elle par des liens si forts et si touchants. Que les *Pyrénées fussent fondues,* il n'en était pas moins douloureux pour un fils de France de les traverser sans espoir de retour, Ce fut le 4 décembre 1700 que, pour la dernière fois, Philippe de France entendit, à la droite de Louis XIV, la messe dans cette chapelle de Versailles qui lui rappelait les plus doux souvenirs de son enfance. Après la messe, les deux rois, suivis de la famille royale et d'une quantité de courtisans, descendirent le grand degré, et montèrent en carrosse pour se rendre à Sceaux chez le duc du Maine, où il avait été réglé que se ferait la dernière séparation. Le chemin de Versailles à Sceaux était couvert d'un peuple immense et d'une haie de carosses venus de Paris pour voir passer les deux rois. Joignons-nous à la famille royale, qui toute entière se rend à Sceaux, suivie d'une telle foule que les parcs de cette belle résidence furent envahis. M. le Prince, M. le duc et madame la duchesse du Maine, reçurent les deux rois à la descente du carrosse. La famille royale s'isola dans un des appartements réservés pour donner aux épanchements d'une mutuelle tendresse, quelques-uns de ces suprêmes instants qui précèdent une séparation dont on ignore le terme. Lorsque la porte de cette salle s'ouvrit, le spectacle le plus touchant s'offrit aux yeux des courtisans qui attendaient la sortie de la famille royale. « Nous voyons les deux rois fondre en larmes, dit Dangeau, Monseigneur appuyé contre la muraille et se cachant le visage. M. le duc de Bourgogne, madame la duchessé de Bourgogne et M. le duc de Berri et toute la famille royale pleurant et poussant même des cris d'affliction. Enfin il fallut se séparer. » Louis XIV reconduisit Philippe V jusqu'au bout de l'appartement, dérobant ses larmes aux assistants. Les trois jeunes princes montèrent en carrosse, car les frères du nouveau roi avaient obtenu de l'accompagner jusqu'à la frontière. Le reste de la famille royale reprit tristement le chemin de Versailles à l'exception du Dauphin. Ce père qu'on a regardé comme heureux entre tous avait besoin de solitude après le départ d'un fils si cher, et ce fut à Meudon qu'il voulut pleurer seul. Le fils de France ne devait plus revoir aucun des siens.

Ces tendres·adieux de la famille royale remuent profondément l'âme. On s'étonne que les calculs de la politique ne dessèchent pas le cœur des grands. Aussi Dangeau termine-t-il le récit de cette journée par ces mots : « Le roi ne nous a jamais paru rien faire avec plus de dignité, plus de bonne grâce que tout ce qu'il a fait aujourd'hui ; il ne nous a jamais marqué tant de tendresse, et jamais il ne nous a paru si grand et si aimable. »

Lorsqu'on étudie la vie intime de la cour et de la famille royale, le caractère principal du grand roi vous apparaît sous la forme d'une grande bonté et d'une rare justice. Roi absolu, né pour régner, il sait commander, il est maître, mais à tout moment son jugement droit et sa bonté tempèrent sa volonté sans contrôle. On le voit admettre les droits du génie quel qu'il soit, rendre justice sans colère à la loyale indignation du chancelier Voisin, traiter les artistes avec tant d'honneur que tout le monde admet la vraisemblance morale de la tradition qui le fait déjeûner avec Molière dédaigné par ses gentihhommes. Il dit à Mansart, en lui accordant la commission d'intendant des bâtiments qu'il lui avait fait attendre de son coucher à son lever : « Je vous fais mes excuses de la mauvaise nuit que je vous ai fait passer. »

Dans sa famille, il se conduisit comme un véritable père pour la Dauphine, dont la santé et la tristesse changeaient entièrement le rôle qu'il eût désiré lui voir prendre à la cour. Il témoigna une bonté touchante à la duchesse de Bourgogne, cette enfant que l'Italie jetait, à dix ans, dans ses bras parternels. Nous venons de le voir pleurant au départ de son petit-fils et ne cherchant pas à déguiser son attendrissement profond sous les dehors majestueux de l'étiquette. Il n'avait pas moins de bonté pour les officiers de sa maison. Un jour deux d'entre eux étaient résolus à se battre, le roi l'apprend : « La Barre, dit-il au plus animé, je sais que vous avez été offensé; mais je vous prie comme ami de renoncer à votre vengeance, je serai obligé de vous l'imposer comme votre roi, mais je me flatte que vous préférez le premier. » Sa justice ne permettait pas à la faveur de tout obtenir, et, lorsqu'il connaissait le mérite, il savait le faire respecter. C'est ainsi que M. de Pontchartrain, nommant au roi les officiers qui pourraient remplir une place sur les galères, appuya fort sur le chevalier de Froulay, qui n'était pas le plus ancien. Le roi lui dit : « Je vois bien la protection que vous donnez au chevalier de Froulay, qui la mérite ; mais il y a des anciens qui sont honnêtes gens aussi, et n'ont point de protecteur ; il est juste que je leur en serve. » Et il choisit le plus ancien pour remplir cette place.

Sa foi et son respect pour la religion ne se démentirent jamais, non-seulement dans les grandes circonstances comme celle du quiétisme, moins encore dans des occasions moins graves. La duchesse de Bourgogne, son enfant gâtée, monta un jour chez lui fort irritée parce qu'au moment de tenir sur les fonts l'enfant d'un domestique du château, le curé lui avait respectueusement refusé de le baptiser si elle ne consentait pas à se présenter pour remplir les fonctions de marraine dans une toilette plus digne du saint lieu. Je me hâte d'ajouter que la jeune princesse descendait de cheval en amazone, en perruque et la cravache à la main. « — Mon enfant, répondit le roi, le curé à raison ; nous devons l'exemple partout, et à l'église plus que partout ailleurs. »

L'adversité, qui a rapetissé tant d'hommes montés sur les échasses de leurs succès, ajoute encore aux proportions du grand Roi. Quand le dix-huitième siècle est commencé et que chacune de ses années était un rayon de

soleil symbole de la gloire du grand règne, Louis XIV,
abandonné de tous et blâmé par tous, demeure ferme
sur les ruines de sa fortune et continue à combattre la
coalition jusqu'à ce qu'une victoire lui permette de préserver l'honneur de la monarchie et l'intégrité de la
France,

XV

L'année 1701 fut marquée par la mort de trois hommes fort différents qui, tous trois, tenaient une place importante, Monsieur frère du roi, le roi Jacques II, et Bontemps, le célèbre valet de chambre de Louis XIV.

Le duc d'Orléans mourut à Saint-Cloud à peu près subitement, et sa mort frappa douloureusement le roi, qui répétait souvent : « Je ne puis m'habituer à la pensée que je ne verrai plus mon frère ! » et qui accabla le nouveau duc d'Orléans de marques de bonté et de munificence. Le roi d'Angleterre mourut à Saint-

Germain, et, s'il est une scène touchante, c'est celle où il recommande son fils à Louis XIV, qui le reconnaît roi à ce moment suprême. Ce jeune prince continua à venir souvent à Versailles, et, lorsque le deuil de son père lui permit de danser, Louis XIV se tenait debout, honneur, dit Dangeau, qu'il eût eu peine à faire à un souverain dans la prospérité.

Quant à l'honnête Bontemps [1], il est une des rares personnes sur lesquels s'accordent Dangeau et Saint-Simon. — « C'était, dit Dangeau, un homme en bénédiction à la cour, qui n'a jamais fait de mal à qui que ce soit et qui a fait beaucoup de bien. » — « Bontemps, dit Saint-Simon, était un homme rare dans son espèce... un gros homme lourd et brutal en apparence, au fond le plus humain, le plus reconnaissant, le plus serviable, le plus généreux, le plus désintéressé qui fût au monde... On ne saurait croire l'affliction générale qu'il y eut à sa mort et le nombre de services magnifiques qui lui firent faits à Paris et dans les provinces sans que sa famille y eût la moindre part. »

Cependant le duc de Bourgogne, à son retour de la frontière d'Espagne, avait demandé avec tant d'instance au roi la permission de faire une campagne, que le roi la lui avait accordée (1702). Le maréchal de Boufflers écrivait, selon Dangeau, des merveilles du jeune prince, qui se portait partout, louant sa valeur, son sang-froid, son activité, son coup d'œil, et son extrême humanité.

[1] Premier valet de chambre du roi.

Un jour, un espion ennemi ayant été pris, le prince s'opposa à ce qu'on le pendît, et comme, pour vaincre sa résistance, on lui disait que cet homme était prot stant : « Raison de plus, dit-il en souriant, laissons-lui le temps de se convertir. » A son retour il apportait un prestige de plus, celui de la gloire ajouté à la vertu. Ce fut entre cette première campagne et celle si différente de 1708, que naquit le premier duc de Bretagne, le 25 janvier 1704; le prince ondoyé dans la chambre de sa mère par le cardinal de Coislin, fut conduit en chaise à porteurs dans ses appartements par la maréchale de la Mothe, sa gouvernante; le marquis de la Vrillière, secrétaire greffier de l'ordre du Saint-Esprit, porta au nouveau-né de la part du roi le cordon bleu et la croix de l'ordre.

En ce moment la France et la Savoie étaient en froid, le duc de Savoie faisant la guerre au roi d'Espagne son gendre, et l'on se demandait si la naissance du duc de Bretagne serait annoncée au duc, son aïeul. La position était délicate, Louis XIV l'apprécia avec le sens droit et chrétien qui l'animait; ce fut lui-même qui prit la plume et écrivit au prince la naissance de leur commun petit-fils.

Cette naissance fut fêtée à Paris et à Versailles par le peuple autant que par la cour. A partir de ce jour, l'étiquette voulut que la duchesse de Bourgogne dînât à son grand couvert, seule et servie par ses gentils-hommes servants. Puis elle tenait grand cercle comme autrefois la reine-mère; le roi avait toujours regretté cet usage sans pouvoir obtenir des autres princesses qu'elles s'y conformassent.

Les larmes succédèrent bientôt à toute cette joie. Le duc de Bretagne ne vécut que quelques mois, et la duchesse de Bourgogne, toujours heureuse jusque-là, fit l'apprentissage du malheur en éprouvant la douleur la plus poignante que le cœur humain puisse ressentir. La naissance du second duc de Bretagne en 1707 vint adoucir cette douleur. Mais de nouvelles épreuves allaient fondre sur la famille royale. Le duc de Bourgogne et le duc de Berri étaient partis pour l'armée d'Allemagne, et leur joie était extrême. Le duc de Bourgogne avait le commandement, Vendôme était sous ses ordres. On connaît les revers que nous éprouvâmes pendant cette campagne. Le jeune prince revint à Versailles avec cette attitude calme et digne du chrétien que Dieu vient d'éprouver. Devant ce noble caractère, les cabales, qui ne pouvaient comprendre que le grand Vendôme eût été vaincu et qui attribuaient l'humiliation de nos armes aux fautes du duc de Bourgogne, se turent. Pendant toute la campagne, la duchesse de Bourgogne passait de longues heures à la chapelle; elle demandait à Dieu la force et le courage qui lui étaient nécessaires, car elle n'ignorait pas les jugements portés sur son mari et elle redoutait l'influence qu'ils pouvaient avoir sur le roi. Cette jeune femme, si heureuse jusque-là, commençait à sentir les épines de la vie, et la réflexion donnait à son caractère ce sérieux qui lui avait manqué. Ses lettres allaient porter au duc de Bourgogne les meilleurs conseils, les plus douces et les plus fortes consolations, et le prince, qui l'aimait tendrement, mais dont les goûts sérieux s'effrayaient quelquefois du grand amour de sa femme pour le plaisir, s'étonnait de sa régularité à lui écrire et se préoccupait des souffrances qu'elle endurait à cause de lui. Le triste retour du prince avait été promptement suivi de celui du maréchal de Boufflers après la glorieuse reddition de Lille. Il fut reçu comme s'il eût été victorieux. « Demandez-moi, lui dit le roi, tout ce que vous pouvez désirer; » et, comme le maréchal se taisait, le souverain ajouta : « Je vous fais pair, je vous donne la survivance du gouvernement de Flandre et les appointements du gouvernement de Lille pour votre fils. Je vous donne les grandes entrées chez moi. » Le maréchal répondit en se jetant aux pieds du roi qui, avec sa magnanimité naturelle, récompensait une glorieuse capitulation à l'égal d'une victoire.

Ce fut ainsi qu'on entra en l'année 1709. Le froid fut rigoureux et dura jusqu'au mois de mars. Il fut tel, que la marquise d'Uxelles interrompit une lettre par ces mots : « Les nouvelles sont courtes, monsieur, plus de « commerce à cause du temps, l'encre gèle au bout « de la plume. » Des bandes de malheureux venaient jusque sous les fenêtres du palais demander du pain, et dans ce brillant Versailles, madame de Maintenon mangeait du pain d'avoine. Suivons les pauvres à l'hôtel de Pontchartrain; la dernière fois que nous y sommes entrés, c'était au milieu d'une fête merveilleuse; aujourd'hui, c'est pour admirer la charité de la chancelière distribuant d'immenses aumônes. C'était peu cependant à côté de ce qu'elle faisait au château de Pontchartrain, où pendant six ou sept mois elle nourrit tous les pauvres qui se présentaient, souvent au nombre de trois mille personnes.

Enfin le roi résolut de renouveler le sacrifice de son argenterie. Le premier sacrifice qu'il avait fait avait fait disparaître toute cette magnifique orfévrerie de luxe qui décorait Versailles. Le second enleva l'argenterie précieuse, mais moins remarquable comme œuvre d'art, qui avait été achetée depuis. Il n'y en avait que pour 450,000 francs. Le maréchal de Boufflers envoya la sienne, à la Monnaie. Ce noble exemple entraîna tout le monde, et en huit jours, dit Saint-Simon, il n'y eut personne qui osât montrer de la vaisselle chez soi depuis les princes du sang jusqu'aux bourgeois.

Le roi voulut acheter la paix au prix des plus grands sacrifices. Mais, lorsque Torcy rapporta les conditions imposées par Malborough et le prince Eugène, et dont la dernière était l'obligation d'aider l'empereur et le roi d'Angleterre à chasser le roi d'Espagne, le roi se leva avec une noble indignation, s'écriant : « S'il faut faire la guerre, j'aime mieux la faire à mes ennemis qu'à mes enfants. »

La défaite de Malplaquet où vingt mille ennemis restèrent sur le champ de bataille, que nous perdîmes cependant, transforma Versailles en une sorte d'ambulance. La noblesse de France y versa à flots son généreux sang. Chemerault, d'Angennes, de Croy,

Charost, furent au nombre des victimes. Les Nesle, les Guébriant, les Béthune, le duc de Guiche, le duc de Saint-Aignan, Courcillon, fils de Dangeau, et enfin Villars, revinrent couverts de blessures. Le roi voulut aller voir lui-même le maréchal de Villars, et rendre en sa personne honneur à toute l'armée. Les courtisans et les gardes étaient rangés des deux côtés de la galerie; la maréchale se trouvait à la porte de l'appartement avec son fils; le blessé, couché sur un canapé, reçut les embrassements du roi, qui le questionna avec intérêt sur sa blessure, et le vaillant capitaine, répondant plus à sa pensée qu'à celle du souverain, déclara qu'il serait en état de reprendre la campagne an printemps.

C'est au milieu de ces calamités que le P. de la Rue, montant dans cette chaire de la nouvelle chapelle presque achevée dont le luxe contrastait avec tant de misère, osait s'écrier : « Nos péchés sont montés jusqu'à votre trône, Seigneur; mais vous avez promis que vous ne mépriseriez pas un cœur humilié, et vous en voyez au pied de vos tabernacles qui ne sont pas indignes de vos attentions. Sire, je vous parle avec d'autant plus de liberté que les vérités que j'annonce à votre peuple sont les sentiments intérieurs de votre cœur. Le commencement de votre règne a été amer et difficile, la fin en est encore plus laborieuse, et l'intervalle qui touche à ces extrémités a été semé de lis et de roses. Peut-être avez vous négligé de les renvoyer à Dieu seul; il les reprend avec justice et se dédommage. C'est de là que

viennent tant d'ennemis; que dis-je, Sire, des ennemis! ce sont des instruments dont la Providence se
sert pour achever le grand ouvrage de votre sanctifica-
tion... »

XVI

Grandeur de Louis XIV dans ses revers. — Derniers achève-
ments du palais; la troisième chapelle. Les marionnettes du
duc de Bretagne. — Naissance du duc d'Anjou. — Une pré-
vision du *Mercure*. — Mort du grand Dauphin. — Quelques
mots sur ce prince.

Le cardinal de Bausset a écrit ces lignes ratifiées par
l'histoire :

« Quel devait être ce roi, qui au milieu de tant de dé-
« sastres, et dans un moment où toutes les pièces de
« sa monarchie semblaient tomber les unes sur les
« autres, et devenir la proie de tant d'ennemis conju-
« rés contre lui, a su conserver ce caractère de gran-
« deur et de fermeté qui commandait encore le respect
« à l'Europe, et une soumission sans bornes à ses
« sujets. »

Ce fut dans cette partie de son règne surtout que
Louis XIV mérita le titre de Grand ; malheureux et vieilli
il repoussa après la défaite de Malplaquet les exigences

de jour en jour plus insolentes des alliés et dit à Villars : « Allez, monsieur le maréchal, si le sort des armes nous était contraire, écrivez-le à moi seul, je réunirai tout ce que j'aurai encore de troupes, je me mettrai à la tête de ma brave noblessse, et je saurai faire un dernier effort avec vous et périr ensemble ou sauver l'État. » Villars sauva l'État, tandis que Vendôme envoyé en Espagne raffermissait le trône de Philippe V. Ne point s'abandonner quand tout vous abandonne, vaincre la fortune par son caractère, n'est-ce point là la véritable grandeur.

Au milieu de ces vicissitudes, le palais de Versailles continuait à prendre une nouvelle extension. Les deux grandes ailes n'avaient pas suffi à loger la famille royale considérablement augmentée et les princes du sang qui y amenaient leur suite. Aussi un énorme bâtiment s'étendait-il en face des Récollets, on l'appelait le Grand-Commun ; il contenait non-seulement les cuisines et les appartements des gens de service, mais encore beaucoup de courtisans qui y étaient logés, car il abritait deux mille personnes, et ses proportions étaient telles qu'on y comptait cinq cents fenêtres. Les appartements du roi avaient subi aussi divers changements ; le salon qui s'ouvrait sur le cabinet du roi avait été transformé en une magnifique chambre qu'on admire encore. Ces appartements terminés en 1701 étaient exactement tels qu'ils sont aujourd'hui. Enfin, en 1710, on avait ouvert aux regards étonnés, cette belle chapelle que Louis XIV eût voulu toute de marbre, mais qui, telle qu'elle est, avec ses bronzes dorés, ses peintures admirables, son élégante architecture et les marbres qui la décorent, est un des monuments religieux les plus riches et les mieux ornés qui datent du dix-huitième siècle.

Les eaux de Versailles fournies par la machine de Marly, combinaison à laquelle on ne s'était arrêté qu'après beaucoup de recherches et d'hésitations, alimentaient de nombreuses fontaines dans la ville, et remplissaient les bassins et les pièces du parc, parmi lesquelles on remarquait cette magnifique pièce de Neptune où les eaux forment de féeriques arceaux, des gerbes merveilleuses, mais à laquelle manquaient les admirables bronzes que nous y voyons; ils ne devaient y être ajoutés que pendant le règne suivant. C'est ainsi que le palais de Versailles atteignait l'apogée de sa splendeur au moment où la monarchie qui l'avait créé, comme une radieuse image de sa gloire, s'inclinait vers son couchant.

Au milieu des tristesses et des inquiétudes de la cour, une fête d'enfants nous attire dans les appartements de la duchesse de Bourgogne. Le petit duc de Bretagne a trois ans, et l'heureuse mère, se rappelant qu'il y a peu d'années encore le plus grand plaisir que lui procurât le roi était celui des marionnettes, a convié tous les enfants de la cour à pareille fête. Le jeune prince occupe la première place, et la bande joyeuse, qui se soucie peu des événements et ne voit dans le présent que le plaisir, applaudit aux éternelles batailles du seigneur Polichinelle. Ce jour-là, cédant sa place au petit roi de la fête, la princesse se plaça près du théâtre de manière à lire dans les yeux de son fils ces premiers éclairs du plaisir qui apportent aux mères les plus douces jouissances.

Cette même année 1710, le 15 février dans la matinée naquit un faible enfant qu'on appela le duc d'Anjou. Une chronique de l'époque exprime ce singulier pronostic que les enfants qui viennent au monde pendant le jour sont plus heureux que ceux qui naissent pendant la nuit. Le duc d'Anjou devait régner sous le nom de Louis XV.

Tandis que Villars défendait nos frontières contre l'invasion et qu'il préparait le triomphe de Denain, la famille royale si éprouvée par les calamités de la France voyait s'avancer vers elle pour la décimer d'effrayantes épidémies: la petite vérole et la rougeole pourprée. La première victime que ce fléau atteignit fut le grand Dauphin.

La place qu'occupe dans l'histoire l'élève de Bossuet est petite; pouvait-il en être autrement? Le rôle manquait à l'acteur. Quel rôle pouvait jouer le fils de Louis XIV plus jeune que son père de vingt ans seulement, c'est-à-dire appelé à passer les années sérieuses de sa vie pendant que la main du roi vigoureuse et assurée tenait les rênes du gouvernement? Il ne pouvait être comme il le disait lui-même, que fils et père de rois. Il fut donc ce qu'il put être: brave, généreux, d'une bonté qui le faisait adorer du peuple. La petite vérole qui l'enleva à cinquante ans, au château de Meudon, fit connaître à quel point il était aimé. « Ce que l'on peut dire en cette douloureuse occasion, écrit la marquise d'Uxelles, c'est que monseigneur était un prince d'une bonté infinie et tout rempli d'humanité; aussi tout le monde est en pleurs et en gémissements à n'en pouvoir dire davantage (14 avril 1711.) »

Un moment la maladie parut céder et les femmes de la halle, envoyées en députation par le peuple de Paris voulurent voir le prince, disant qu'elles n'oseraient retourner à Paris si elles ne l'avaient vu. Le prince les reçut avec sa bonté ordinaire. «Monseigneur, lui dirent-elles, nous retournons à Paris pour faire chanter un *Te Deum.* » Le Dauphin leur répondit : « Mes pauvres femmes, il n'est pas encore temps ; » et le soir à onze heures le prince n'était plus. Le roi qui s'était enfermé avec lui tout le temps de sa maladie éprouva une vive douleur en perdant son unique fils. Se souvenant de ce qu'il avait dit à ce prince à l'époque de la mort de la Dauphine : « Rappelez-vous que nous y viendrons tous, il tourna ses regards vers le nouveau Dauphin, ce jeune duc de Bourgogne si plein déjà de mérite et de vertus, et il résolut de préparer lui-même un roi à la France en l'associant au gouvernement, et, le 21 avril, le nouveau duc de Bourgogne à qui les Conseils étaient ouverts depuis 1705, mais qui par égard pour son père n'assistait pas à toutes les séances, vint pour la première fois au Conseil des finances. Là une scène pleine de grandeur et de saintes émotions nous attend ; le cardinal de Noailles a prononcé au nom du clergé la harangue de circonstance. Alors le roi se lève et prenant le nouveau Dauphin par la main : « Messieurs, leur dit-il, voilà un prince qui me succédera bientôt, et qui par sa vertu et sa piété rendra l'Eglise encore plus florissante et le royaume plus heureux. »

A ces mots le jeune prince quitte le Conseil plein d'émotion. La mort de son frère avait été pour lui un coup cruel et les grandeurs qu'elle transférait sur sa tête, l'avenir si brillant qu'elle lui ouvrait, n'étaient pas pour son noble cœur une consolation. Chaque honneur nouveau que sa position de Dauphin lui fait rendre est comme le renouvellement de sa douleur ; et lorsque le jeune duc de Berry vient avec la meilleure grâce du monde lui *présenter le service* selon l'étiquette, les deux princes se jettent dans les bras l'un de l'autre, confondant leurs larmes et leurs sanglots.

XVII

Le duc de Berri avait épousé en 1710 la fille du duc d'Orléans, princesse envieuse, jalouse, et qui plus tard devait affliger la famille royale par ses désordres. Quoique devant à la duchesse de Bourgogne ce mariage, objet de tous ses vœux, elle lui rendait les honneurs qui lui étaient dus avec une répugnance et une humeur que l'aimable princesse feignait de ne pas apercevoir. Le roi voulut dès lors donner à la Dauphine les honneurs de la reine, ce qui ajoutait au grand couvert certains usages dont nous avons déjà parlé : la nef, le cadenas, le bâton de maître d'hôtel et la musique.

Ce dîner du grand couvert de la Dauphine nous présente une assez curieuse étiquette. La princesse était servie par l'un de ses maîtres d'hôtel, lo marquis de Villacerf ou M. de la Croix. « Le maître d'hôtel se rendit à la bouche avec ses officiers, lit-on dans le *Mercure* du temps, lava ses mains ; le contrôleur général et les gentilshommes servants se les lavèrent ensuite. L'écuyer ordinaire de la bouche, lui présenta une assiette sur laquelle il y avait des mouillettes de pain ; il en prit deux avec lesquelles il toucha tous les mets les uns après les autres. Il en donna une à manger à l'écuyer de la bouche, ensuite il prit son bâton des mains de l'huissier du bureau qui l'y avait apporté, puis la marche commença en cet ordre ; un garde du corps du roi ayant la carabine sur l'épaule ; un huissier de salle et un huissier du bureau. M. de la Croix marchait derrière, ayant son bâton de maître d'hôtel à la main. Un gentilhomme servant et le contrôleur portant chacun un plat, l'écuyer de la bouche et les autres officiers de la bouche en portant aussi chacun un, marchaient ensuite. Lorsqu'ils furent arrivés à la salle où est le prêt, M. de la Croix vit mettre tous les plats sur la table, où un gentilhomme servant qui était de garde au prêt fit un nouvel essai de chaque plat, et donna la mouillette dont il avait fait l'essai à chacun de ceux qui avaient porté les plats, après quoi M. de la Croix les fit mettre sur la table par les gentilshommes servants. Il alla ensuite avec son bâton à la main, avertir M. le Dauphin et Madame la Dauphine, puis il revint à la table où il attendit M. le Dauphin. Dès qu'il parut, il mit son chapeau et son bâton entre les mains du chef de gobelet et présenta à ce prince une serviette mouillée qui était entre deux assiettes d'or pour se laver les mains. Il

prit ensuite une autre serviette mouillée, aussi entre
deux assiettes d'or qu'il présenta de même à Madame
la Dauphine. »

Au premier grand couvert du Dauphin et de la Dauphine une sorte de cour les entourait, treize femmes
ayant le tabouret et un grand nombre d'autres debout
attendaient la fin de ce repas royal pour être reçues au
cercle de dames que la Dauphine tenait à l'exemple du
roi les jours de grands couverts.

Le roi fit plus pour la duchesse de Bourgogne qu'il
n'avait fait pour la première Dauphine et même pour
la reine, en lui laissant l'entier gouvernement de sa
maison et la disposition de toutes les charges qui en
dépendaient. Un flatteur mal inspiré se permit de dire
au roi : « Apparemment, sire, elle vous rendra compte
de ce qu'elle fera là-dessus. » Mais le roi lui répondit :
» Je me fie assez à elle pour ne vouloir point qu'elle
me rende compte de rien, et je la laisse maîtresse
absolue de sa maison. Elle serait capable de choses plus
difficiles et plus importantes. »

C'est ainsi que le vieux roi semblait vouloir sous ses
yeux faire faire aux deux princes comme un noviciat
de la royauté, et tous deux se montraient dignes de
tant de confiance et de bonté.

« Plus le roi éleva le Dauphin, dit Saint-Simon, plus
celui-ci affecta de se tenir soumis dans sa main, » Les
sciences, qui jusqu'alors avaient été son occupation
favorite, furent abandonnées. Il sentait qu'il se devait
au peuple qui allait devenir son peuple, et les travaux
du gouvernement se partageaient sa journée avec les

devoirs de la cour. Il abrégea même le temps qu'il donnait à la prière, bien que sa grande piété n'eût jamais diminué : il communiait en effet tous les quinze jours et toujours avec le grand cordon et en manteau court ; enfin il apportait à tout cette mesure de la sagesse chrétienne qui s'accommode aux devoirs. On sait qu'il avait pour maxime que les rois sont faits pour les peuples et non les peuples pour les rois. Ce prince, qui avait quitté la danse et le spectacle depuis plusieurs années, se prêtait au monde de plus en plus. « Il y était, dit Saint-Simon, gai, majestueux et agréable... une conversation aisée, mais instructive, adressée avec choix et justesse, charmait le sage courtisan. »

La Dauphine encore si jeune comprit ce que la France attendait d'elle. Son seul défaut avait été l'amour un peu vif des plaisirs du monde, et lorsque le Dauphin la quittait pour les campagnes d'Allemagne, il s'inquiétait de cette tendance et la recommandait à Madame de Maintenon. Devenue Dauphine elle disait : « Il me semble que mon cœur s'agrandit à mesure que la fortune m'élève, et que je soulagerai avec joie tous les malheureux. »

La guerre continuait et chaque jour on attendait quelques nouvelles des combats qui avaient suivi les malheurs de Malplaquet. A Versailles toutes les pensées se tournaient vers l'Allemagne ; le Dauphin aurait voulu partager les périls, les fatigues, et jusqu'au pain du soldat. Il souffrait de l'inaction à laquelle le condamnait l'épuisement du trésor ; il eût coûté trop cher d'envoyer un prince aux armées avec l'équipage convenable. La

Dauphine, avec sa vivacité naturelle, était avide de nouvelles; un jour qu'on attendait les dépêches annonçant le résultat d'une bataille, la princesse n'y tenant plus, monte en carosse et se dirige sur le chemin de Paris pour aller au-devant des courriers. Comme pour calmer son impatience on l'avait suppliée de faire une partie de jeu : « Et avec qui voulez-vous que je joue, s'était-elle écriée ? avec des dames qui ont leur mari, ou des pères qui ont leurs enfants à une bataille qui selon toutes les apparences doit avoir été sanglante ! Et puis-je être tranquille moi-même quand il s'agit de la plus grande affaire de l'Etat. »

Tel était le jeune couple sur lequel se reportait l'espoir de la France et se reposaient les yeux du roi. Le duc de Bourgogne avait toutes les qualités nécessaires pour faire le bonheur d'une grande nation; et la duchesse de Bourgogne, qui était le charme de la vieillesse de Louis XIV, la gaieté de ses dernières années, joignait à l'esprit le plus vif, au caractère le plus aimable un jugement solide, une âme élevée et un cœur excellent. Le duc de Bourgogne disait d'elle : « Ce sera pour la France une reine aussi bonne que grande. » Tout lui sourit; l'avenir lui appartient. Heureux peuple ! heureuse reine !

Ai-je dit : heureuse reine ? Hélas ! le 12 février 1712 s'est levé. Cette chambre où nous avons vu Marie-Thérèse mourir en remerciant Mme de Maintenon, où nous avons suivi Bossuet et Louis XIV aux derniers instants de la grande Dauphine Victoire de Bavière, nous y entrons de nouveau pour assister à une mort bien plus désolante, celle d'Adélaïde de Savoie emportée à la fleur de son âge : «Avec elle s'éclipsa la joie, les plaisirs et toutes espèces de grâces, dit Saint-Simon ; les ténèbres couvrirent toute la surface de la cour ; elles en pénétrèrent l'intérieur ; et si la cour subsista en soi-même, ce ne fut plus que pour languir. Jamais princesse ne fut si regrettée et si digne de l'être ; aussi les regrets n'en ont-ils pu passer et l'amertume involontaire et secrète en est constamment demeurée, avec un vide affreux qui n'a pu être diminué. »

Nous sommes entrés dans cette douloureuse phase où tout meurt, tout s'éclipse, tout s'éteint dans le royal Versailles. Les larmes n'ont pas le temps de sécher ; les agonies se succèdent et les cercueils se suivent. La maladie qui, en trois jours, venait d'enlever la Dauphine atteint le Dauphin lui-même, et lorsque après la perte affreuse qu'il venait de faire, il se présenta devant le roi, le malheureux père tressaillit en lisant sur les traits décomposés de son fils les indices de sa fin prochaine. Le prince cependant avait repris les travaux du Conseil, et c'est au milieu de l'accomplissement de ses devoirs que la mort vint en quelque sorte le chercher. Six jours après la mort de la Dauphine, cette chambre où reposait encore son corps s'ouvrit devant le cercueil du prince qui emportait avec lui les espérances de la monarchie. Sa fin avait été sublime. «Grand Dieu ! s'écrie Saint-Simon, quel spectacle vous nous donnâtes en lui... quelle imitation de Jésus-Christ sur la croix ! quelles tendres et tranquilles vues, quel souverain détachement, quel vif éclat d'action de grâces d'être préservé du sceptre et des comptes qu'il en faut rendre ! quelle soumission et quel ardent amour de Dieu ! quelle vue de son néant, de ses péchés, de l'infinie miséricorde ! quelle crainte tempérée par la confiance ! quelle sage paix, quelles lectures, quelles continuelles prières, quel ardent désir des sacrements, quel recueillement, quelle patience et quelle bonté pour tout ce qui l'approchait ! »

Ce prince de vingt-neuf ans était pour la France l'espérance d'un grand et magnifique règne. On avait eu la gloire, on lui devrait le bonheur. Il semblait qu'à son avénement finiraient tous les maux. On pressentait que le règne de l'élève de Fénelon serait une ère de liberté sage et de développement mesuré. Le peuple qui, depuis les revers de la guerre et les souffrances de la famine, s'en prenait comme toujours au souverain, hâtait de ses vœux la fin du long règne auquel celui du jeune prince succéderait. Les souverains étrangers, qui voyaient en lui un arbitre, un modèle, un prince qui, aimant la gloire, préférait la paix et l'union des peuples et des rois, comme la meilleure condition du progrès, furent frappés d'une douloureuse stupeur en apprenant cette mort si prématurée. Mais le plus touchant témoignage que reçut la France, ce fut celui que rendit au Dauphin le souverain pontife. A la nouvelle de cette mort, il réunit un consistoire où il parla lui-même de cette perte comme du propre malheur de l'Eglise et de toute la chrétienté. Voulant rendre le plus grand des hommages à sa mémoire, il déclara qu'il célébrerait publiquement un service dans sa chapelle pour le repos de l'âme du duc de Bourgogne. On sait que les liens qui unissaient Rome et la France avaient établi un touchant usage : à la mort d'un roi de France, le pape devait faire un service dans sa chapelle : à Paris le roi rendait le même honneur au pape. Mais à la mort d'Henri III, cet usage avait cessé d'être suivi à cause de l'excommunication encourue par ce prince à l'occasion du meurtre du cardinal de Guise. Il n'avait été repris ni pour Henri IV ni pour Louis XIII. Les vertus du jeune Dauphin obtinrent ce témoignage de haute sympathie du saint-père.

Le Dauphin était mort à Marly, on amena son corps à Versailles et il fut posé sur le lit de parade à côté de celui de la princesse. Le palais lui-même apparaissait comme un immense catafalque. Des tentures noires couvraient les grilles dorées. Toutes les marches du vestibule, le grand escalier, la salle des gardes, l'appartement tout entier de la Dauphine, étaient tendus jusqu'au plafond des livrées du deuil. Pendant cinq jours entiers, la foule désolée vint contempler ce lugubre spectacle. Tous pleuraient comme s'ils avaient compris qu'il y avait là quelque chose de plus que la mort d'un homme.

C'était plus que les funérailles d'un prince, en effet, c'étaient les funérailles de la monarchie. Un esprit élevé, un écrivain distingué, M. de Larcy, qui a jeté un regard rétrospectif sur les *Vicissitudes de la France,* au moment de tirer la figure si intéressante du duc de Bourgogne du demi-jour où l'a laissée l'histoire, s'écrie avec une émotion que nous ne pouvons nous empêcher

de partager : « Venu à un moment solennel de l'histoire, disparu aussitôt et jamais remplacé, le duc de
Bourgogne nous apparaît avec cette auréole chrétienne
et populaire qui entoure de tout son éclat le plus grand
de ses aïeux et se montre tachée de sang au front du
plus infortuné de ses descendants. Saint Louis, le duc
de Bourgogne, Louis XVI, sont bien de la même famille.
Tous trois ont aimé Dieu et le peuple ; mais de ces trois
destinées si diverses la première a seule été complète ;
la seconde, brisée avant l'heure, n'a pas eu le temps
d'empêcher les tempêtes qui ont englouti la dernière. »

XVIII

1715. — Louis XIV et le petit Dauphin. — Victoire de Denain
 Ambassade de Perse. — La perle des placets. — Dernière
 maladie de Louis XIV. — Ses paroles à son arrière-petit-fils.
 Sa mort. — Dieu seul est grand !

Quand un grand bois a été abattu par la cognée, on
rencontre quelquefois un vieux chêne encore debout,
protégeant de ses branches séculaires un faible arbris-
seau croissant à ces pieds : c'est l'image que présentait
Versailles à la foule accourue pour voir Louis XIV
vieilli, n'ayant plus auprès de lui qu'un seul rejeton de
sa race, le petit duc d'Anjou. En effet, la mort, que
nous avons laissée entre le Dauphin et la Dauphine, ne
s'était pas arrêtée. Le duc de Bretagne avait suivi son
père et sa mère. Le duc de Berri, frappé d'un accident
à la chasse, était mort en 1714. Louis XIV survivait
plein de force et de vie aux princes par lesquels il
croyait être remplacé, et voyant tout l'avenir de sa

monarchie reposant sur la tête d'un enfant chétif e
maladif, il put se dire, avant que Massillon eût pro
prononcé ces mots : « Dieu seul est grand ! »

C'est à peine si la victoire de Denain (1712), couron
nant les efforts de Villars, au moment où la cour allai
quitter Versailles pour se retirer à Chambord, avait fai
pénétrer nn rayon de joie dans l'âme du vieux monarque. Madame de Maintenon se plaignait de ne pouvoi
amuser « ce vieillard inamusable. » Cette parole nous
toujours paru cruelle et injuste. On ne saurait amuser
la douleur. Comment Louis XIV n'aurait-il pas eu
l'âme navrée en voyant s'éteindre tous les flambeaux de
sa vie, en sentant le vide se faire affreux et désolant
autour de lui ? son âme n'était-elle pas obsédée des
plus tristes appréhensions, lorsqu'il regardait l'avenir ?
cette monarchie qu'il avait rendue si puissante et qui
après des désastres inouïs se relevait presque intacte au
traité d'Utrecht (1713), n'allait-elle pas tomber entre
les mains d'un faible enfant de cinq ans, sous la tutelle
d'un homme que le roi ne pouvait excuser qu'en l'appelant un fanfaron de vices ? Ah ! sans doute de tels
ennuis résistent à toutes les distractions.

Une dernière fois cependant le palais de Versailles
sembla sortir de son deuil. Les magnificences déployées
dans les réceptions du doge se renouvelèrent dans les
galeries et les salons ; mais la cour avait vieilli, le r
couvert de pierreries (sur son habit or et noir, il portai
pour douze millions cinq cents mille livres de diamants), n'était plus entouré de cette belle famille de
princes et de princesses qu ajoutaient leur jeunesse e

leur charme à la majesté du trône ; le seul petit Dauphin, d'une beauté ravissante, se tenait à la droite de son aïeul, pour recevoir avec lui l'ambassadeur de Perse.

Saint-Simon, le plus dénigrant des chroniqueurs, prétendit que cet ambassadeur, loin d'être l'envoyé du Schah, était simplement quelque intendant de province perse voyageant pour son plaisir, mais il n'avait pas eu l'idée d'imaginer ce que nous trouvons dans un des livres modernes sur Versailles, que cet ambassadeur était un jésuite déguisé par les ordres de Madame Maintenon pour l'orgueil du roi. L'imagination contemporaine dépasse tout en ce genre. Nous avons assez décrit dans un temps meilleur les fêtes de Versailles, nous ne rappelerons de cette ambassade qu'une anecdote assez curieuse : « Sa Majesté allant de son appartement à son trône, une des plus belles perles de la couronne se détacha de son habit, et se trouva heureusement, après avoir fait bien du chemin dans les galeries, sous le pied du marquis de Lange qui prit enfin la peine de la ramasser ; il la mit sagement dans sa poche et quelques jours après la rendit au roi avec un placet. Sire, lui dit-il, je supplie Votre Majesté de me pardonner la liberté que je prends de lui présenter *la perle* des placets. » Le roi lut immédiatement ce merveilleux placet qui demandait une pension et un brevet de lieutenant-colonel, bien mérités du reste, car le marquis de Lange avait eu la main gauche emportée d'un coup de canon à Nerwinde, et avait reçu un coup d'épée au travers du corps au combat de Leuze.

Le jour est venu de terminer la phase la plus brillante de la vie de Versailles, nous sommes arrivés au 1er septembre 1715. Depuis plusieurs jours, le silence règne dans les salons et les galeries ; la galerie de glaces qui conduit à l'appartement du roi seule est remplie de toute la cour, les conversations à demi-voix laissent transpirer les craintes et les angoisses. Toutes ces existences de reflet, qui, depuis tant d'années, reçoivent la lumière et la vie d'une auguste et royale existence, attendent depuis quelques jours le moment où le héraut d'armes criera : « Le roi est mort, vive le roi ! » Qui peut dire ce que sera pour les courtisans le régent, sur lequel planent les accusations les plus horribles soulevées par les morts si promptes qui ont moissonné la famille royale ? Chacun se rappelle les vices du duc d'Orléans et frémit. Que deviendra le royal enfant, son pupille, celui que Massillon appelait l'enfant de nos soupirs et de nos larmes ?

La cour était donc réunie dans cette belle galerie de glaces, le cabinet dans lequel donne la galerie était occupé par les Princes du sang, les ministres, les secrétaires d'État et les personnes ayant les entrées. Entre ce cabinet et la chambre du roi se trouvait le cabinet du conseil, où étaient le maréchal de Villeroy, le chancelier, le duc d'Orléans, le père le Tellier, le curé de la paroisse. Quand Maréchal, premier chirurgien, et Fagon, premier médecin, et les premiers valets de chambre n'étaient pas dans la chambre du royal malade, ils se tenaient dans le cabinet du conseil.

« Pendant sa maladie, dit M. Vatout, Louis XIV travaillait encore avec ses ministres ; il entendait la messe dans son lit, il dînait debout et en robe de chambre, tandis que les vingt-quatre violons ordinaires de sa musique jouaient dans l'appartement voisin. » Le courage du vieux roi lutta ainsi jusqu'au bout contre la mort. Si les courtisans que nous avons entendus au château de Saint-Germain attribuer à Louis XIV des appréhensions peu chrétiennes à la vue du clocher de Saint-Denis, se retrouvaient à cette scène dernière, ils durent penser que, comme l'avait dit un évêque, Louis XIV était grand jusque dans la mort. Consolant lui-même ses serviteurs désolés, il leur disait : « M'aviez-vous donc cru immortel ? » Nous cherchons dans cette chambre dont la splendeur rappelle toute la magnificence de ce règne qui finit, Bossuet, le grand Bossuet. Il semble qu'il lui appartenait d'assister Louis le Grand au moment de paraître devant celui qui règne dans les cieux et de qui relèvent tous les empires : mais Bossuet n'est plus. L'éloge du grand Condé a mis fin à tous ses discours et il a tenu la parole qu'il avait donnée devant le cercueil de ce prince, lorsqu'il s'écriait : « Heureux si, averti par ces cheveux blancs du compte que je dois bientôt rendre, je consacre à ce peuple que je dois nourrir de la parole de vie, les restes d'une voix qui tombe et d'une ardeur qui s'éteint ! »

Le petit Dauphin est conduit près de son aïeul. A peine âgé de cinq ans, arraché à ses jeux pour cette solennelle scène, son visage s'attriste à la vue des larmes de tous ceux qui entourent le royal mourant, et ses yeux étonnés les regardent comme pour les interroger. «Mon enfant, lui dit Louis XIV, vous allez être un grand roi. Ne m'imitez pas dans le goût que j'ai eu pour la guerre ; tâchez d'avoir la paix avec vos voisins. Rendez à Dieu ce que vous lui devez ; faites-le honorer par vos sujets. Suivez toujours les bons conseils. Tâchez de soulager vos peuples, ce que je suis assez malheureux de n'avoir pu faire. N'oubliez jamais la reconnaissance que vous devez à madame de Ventadour,» et s'adressant à elle : «Je ne puis assez vous témoigner la mienne. — Mon enfant je vous donne ma bénédiction de tout mon cœur. Madame, que je l'embrasse. » On mit dans ses bras l'enfant qui pleurait, et il le bénit. Puis, se tournant vers les officiers qui remplisaient sa chambre : «Messieurs, leur dit-il, vous m'avez fidèlement servi, je suis fâché de ne vous avoir pas mieux récompensés que je ne l'ai fait ; les derniers temps ne me l'ont pas permis. Je vous quitte avec regret, servez le Dauphin avec la même affection que vous m'avez servi. C'est un enfant de cinq ans qui peut essuyer bien des traverses, car je me souviens d'en avoir beaucoup essuyé dans mon jeune âge, je m'en vais, mais l'État demeure toujours ; soyez-y fidèlement attachés, et que votre exemple en soit un pour mes autres sujets. Suivez les ordres que mon neveu vous donnera. Il va gouverner le royaume ; j'espère qu'il le fera bien, et j'espère aussi que vous ferez votre devoir, et que vous vous souviendrez quelquefois de moi. »

Quelques instants après Louis XIV avait cessé de vivre, et la fenêtre qui donnait sur la cour de marbre s'ouvrit, le premier gentilhomme cria selon l'usage :

« Le roi est mort ! » Puis il brisa sa canne pour marquer qu'une royale existence venait aussi d'être brisée, et, prenant une canne neuve, il s'écria également trois fois : « Vive le roi ! » Au même instant l'aiguille de l'horloge du palais fut arrêtée sur l'heure néfaste qui terminait le plus grand règne de la monarchie.

La foule, toujours cruelle, ne cacha pas la joie qu'elle éprouvait. Tout entière sous le coup des maux de la fin de ce règne, elle éclata en clameurs insultantes. C'étaient les premiers cris du peuple retentissant à Versailles, tristes avant-coureurs de ceux qui devaient, avant la fin du siècle, accompagner le 5 et 6 octobre, le convoi de la monarchie.

On sait comment, après la mort de Louis XIV, Louis XV, d'après les ordres de son aïeul et le vieil usage de la monarchie, fut conduit à Vincennes.

Laissons donc, nous aussi, Versailles à son royal veuvage. Le grand règne est fini, la régence commence. Après avoir traversé ces pompes, ces majestés, ces gloires de tout genre, nous éprouvons un vif sentiment du néant des choses humaines, et il ne nous reste plus que la force de redire le mot que Massillon laissa tomber en face du cercueil de Louis XIV, et que répétèrent les échos de Versailles : Dieu seul est grand !

VERSAILLES SOUS LOUIS XV

I

Louis XV ramène la cour à Versailles. — Le czar Pierre Ier à Versailles. — Les marguillers viennent complimenter le roi au nom de la bourgeoisie de la ville. — La première communion de Louis XV. — Mariage de Louis XV; arrivée de Marie Leckzinska à Versailles. — Caractère de cette princesse. — Les premières larmes de la reine.

Le frêle et délicat enfant emporté du lit de mort de Louis XIV et arraché aux désastres de sa famille, descendue tout entière au tombeau en quelques années, rentrait à Versailles le 15 juin 1722, dans toute la splendeur de cet âge de l'adolescence, alors que la jeunesse, comme une fleur à peine épanouie, a toute sa pureté, tout son parfum et tout son éclat. La beauté idéale du jeune roi enthousiasmait son peuple, qui le regardait, selon l'expression de Massillon, comme l'enfant de ses soupirs et de ses larmes. Louis XV, en pénétrant dans le palais de son glorieux aïeul, entra tout d'abord dans la chapelle et s'agenouilla devant cet autel, où s'était si souvent agenouillé son père, le duc de Bourgogne; il pria pour la France, qui avait souffert si cruellement des scandales et de la misère de la Régence, pour la France à moitié ruinée par le système de Law, et qui oubliait tout pour bénir la Providence du règne réparateur que lui préparait, c'était l'espoir du pays, son jeune souverain...

Entre la mort de Louis XIV et le retour de Louis XV à Versailles, la ville royale avait reçu la visite d'un prince étranger portant, lui aussi, le surmon de Grand; Pierre Ier était en effet venu visiter la France en 1717. Le czar, qui s'était attendri sur le sort du petit roi qu'il prenait paternellement dans ses bras, vint à Versailles; mais dédaigneux des beautés artistiques et méprisant toute dépense de luxe, il affecta de ne s'intéresser qu'à l'institution de Saint-Cyr. Il comprit à quel point cette œuvre de haute éducation des femmes pouvait être précieuse pour la civilisation d'un pays barbare comme le sien; il en étudiat les bases et les règles, fit lever les plans des bâtiments, et montra à madame de Maintenon un profond respect. On remarqua que la veuve de Louis XIV reçut le czar à la manière des princesses, assise sur son lit; les historiens favorables à madame de Maintenon assurent qu'elle ne put le recevoir autrement à cause de son grand âge et du mauvais état de sa santé.

Versailles, dont l'importance comme ville s'accroissait chaque jour, avait voulu, dès le retour de Louis XV, lui faire porter par de dignes représentants ses remercîments et ses vœux; les marguillers de Notre-Dame furent à cette intention députés au palais; introduits dans les antichambres qui précédaient les appartements du roi, ils trouvèrent, paraît-il l'attente un peu longue, et, admirant de fenêtre en fenêtre les jardins du parc, ils firent tant de chemin sans s'en douter, que l'orsqu'on vint les chercher pour les introduire auprès du roi, on ne les retrouva plus, et lorsqu'ils se retrouvèrent eux-mêmes, l'heure de l'audience était passée.

Le 15 août de cette même année, l'église Notre-Dame fut décorée plus splendidement que de coutume, même en cette fête si particulièrement solennelle pour la France, depuis le vœu de Louis XIII qui lui donna la Sainte Vierge pour patronne; des tentures splendides, des fleurs, des lumières brillantes, la cour en tenue de grande cérémonie, attendaient le jeune roi, pour lequel un prie-Dieu de velours et d'or avait été placé devant l'autel.

Ce cœur d'enfant, sur lequel avait veillé avec un amour maternel madame de Vendatour et que l'abbé Fleury avait conservé pur sans réussir à le rendre fort, apportait à Dieu en ce jour de sa première communion une foi ardente qui, au milieu des erreurs et des fautes d'une longue vie, devait rester comme ensevelie sous la cendre des corruptions et des vices pour se raviver, sous le souffle de la pieuse, de la royale carmélite. Louise de France, au jour suprême de la mort.

Trois ans s'etaient à peine écoulés depuis ce premier acte de l'adolescence du jeune roi, qu'il ramenait à Versailles la nouvelle reine de France, Marie Lecksinska. Depuis Marie-Thérèse aucune princesse n'avait porté la couronne. La fille de l'infortuné roi de Pologne, appelée d'une royale misère au trône de France et aux splendeurs de Versailles, il y avait là quelque chose d'imprévu et de chevaleresque qui plut à l'esprit français.

Les fêtes du mariage avaient été célébrées à Fontainebleau, et, lorsque les jeunes souverains firent leur entrée à Versailles, la foule qui se pressait sur leur passage semblait par son attitude partager le sentiment que le duc d'Antin avait exprimé sur la reine: « Je conviens qu'elle est laide; mais elle me plaît au delà de ce que je puis exprimer. »

Ce qui plaisait dans Marie Lecksinska, c'était l'amabilité répandue sur toute sa personne, et qui était le caractère de sa physionomie; on citait à ce sujet le mot du chevalier de Conflans: « La reine n'est ni belle ni laide, elle est très-aimable. »

Cette phrase, répétée si souvent depuis, » que les Polonais sont les Français du Nord, » ne parut jamais si juste. Marie Lecksinska était certainement aussi française qu'aucune femme de sa cour; elle avait la gaieté, l'esprit d'à-propos, elle aimait à prendre part aux plaisirs habituels à la société française, et cette société qui venait de subir l'influence des mœurs de la régence, un instant effrayée de la piété de la reine, découvrit bientôt que cette piété si vraie, si sérieuse, mais si douce, était un attrait de plus. Le charme véritable que possédait Marie Lecksinska parut agir sur le jeune roi lui-même; il s'attacha sincèrement à la femme spirituelle, instruite et vertueuse assise à ses côtés sur le trône.

Les fêtes se succédèrent; celles de Trianon dépassèrent toutes les autres; l'une d'elles, brillante représentation d'opéra, transporta les spectateurs dans le royaume des fées.

Un salon octogone de verdure devait servir à la représentation.

« Dans chacune des six aces latérales s'ouvraient huit portiques, au delà desquels était dressé l'orchestre des musiciens. Un dôme, percé au milieu d'une grande ouverture, couronnait ce salon. Sur la corniche qui régnait au-dessus des portiques étaient rangés des vases de porcelaine du Japon et de Sèvres, remplis de fleurs; au-dessous ondulaient des guirlandes de roses attachées aux pilastres.

« Le salon de verdure avait deux grandes portes; la porte d'entrée et une de même hauteur placée vis-à-vis, par laquelle on apercevait une longue allée, bordée à droite et à gauche de petites arcades que décoraient des vases de fleurs et des festons. Au fond de cette allée jaillisssait une magnifique gerbe d'eau, au milieu d'un bois d'orangers. Une palissade verdoyante, sur laquelle se détachaient cinq statues représentant des divinités rustiques, enfermait le bassin de marbre.

« C'est là que le roi, la reine, le cardinal de Fleury, les dames et les plus grands seigneurs de la cour pri-

rent place, pour écouter l'églogue, à-propos musical
de M. de Blamont, dans lequel *Gélyotte* chanta üne
cantatille intitulée: l'*Été*, qui plut à tout le monde.
Après l'églogue, Leurs Majestés sortirent de Trianon
pour la promenade et ne rentrèrent qu'à neuf heures
par l'allée conduisant à la salle du Conseil. »

On donnait ce nom à une grande place du bois ,
plus longue que large, dont le centre formait une île
entourée de canaux avec des ponts aux deux extrémités,
qui, par un ingénieux mécanisme, avançaient et re-
culaient pour offrir ou fermer le passage. Les ponts
retirés une ligne circulaire de jets d'eau d'une égale
hauteur fermait l'île comme entourée d'une grille li-
quide.

« Lorsque le roi et la reine arrivèrent dans cette place,
ils la trouvèrent éclairée par plus de cent cinquante
lustres suspendus aux palissades et aux arbres de la
contre-allée.

« L'île était bordée de soixante-seize guéridons de
fleurs, portant des girandoles de cristal garnies de
bougies. On avait dressé et décoré la table d'une façon
singulière: un édifice de fantaisie la couvrait presque
entièrement, ne laissant qu'une marge de quelques
pieds tout autour pour le couvert et le service.

« Cet édifice était composé de toutes sortes de fruits
ingénieusement échafaudés dans cent douzaines de
porcelaines fines qui faisaient comme le fond du monument, et reposait sur seize arcades, et chaque ar-
cade avait seize colonnes torses et accouplées, sup-
portant la corniche. Toutes ces colonnes étaient dorées

et entrelacées de fleurs, de même que leurs bases et leurs chapiteaux, et surmontées de girandoles de cristal portant des bougies; cent petits vases d'orangers et de tubéreuses, posés sur la corniche, lui servaient de couronnement.

« Leurs Majestés s'assirent, et, tant que le souper dura, les mélodies de violon et de hautbois se mêlèrent harmonieusement aux crépitations des jets d'eau et au mumure des fontaines. »

Dans ces premiers jour de royauté, rien ne semblait manquer à la félicité de la jeune souveraine : le château de Meudon, généreusement offert au roi Stanisles, rapprochait d'elle un père dont les conseils et la tendresse lui étaient si précieux; Voltaire la chantait; les ministres tournaient vers elle des regards de confiance, et le vieux et fidèle Villars lui laissait voir, dès ces premiers jours, tout ce que l'État et le peuple, souffrant et appauvri, attendaient d'elle.

A peine assise sur le trône, elle y fit asseoir avec elle la charité, et toute la cour répéta le mot de M. de Nangis, son chevalier d'honneur qui, un jour où les gardes voulaient empêcher la multitude des indigents qui se pressaient sur son passage de parvenir jusqu'à elle, s'écria : « Laissez passer le régiment de la reine! »

Malheureusement l'influence naissante de Marie Lecksinska sur l'enfant roi qu'on lui avait donné pour époux disparut dans le conflit d'autorité qui s'éleva entre le duc de Bourbon et le cardinal de Fleury. L'affection paternelle de celui-ci pour son royal élève prenait vis-à-vis de la jeune reine un caractère de jalousie qui devint un obstacle à tout le bien qu'elle eût pu si facilement faire.

Le jour où éclata le discord que la retraite simulée de Fleury amena entre le duc de Bourbon, le roi et la reine, il y avait spectacle à la cour. « On jouait *Britannicus*, dit Voltaire. Le roi et la reine arrivèrent une heure plus tard qu'à l'ordinaire .Tout le monde s'aperçut que la reine avait pleuré, et je me souviens que lorsque Narcisse prononça ce vers :

> Que tardez-vous, seigneur, à la répudier?

presque toute la salle tourna les yeux vers la reine pour l'observer avec une curiosité plus indiscrète que maligne. »

Ces premières larmes versées par Marie Lecksinska dans ce splendide palais de Versailles étaient certes plus amères que celles que la misère lui avait arrachées peut-être dans la solitude de Weissembourg. Hélas ! c'étaient les premières larmes de la reine, nuage léger en apparence, et qui réellement annonçait les orages qui devaient assombrir le ciel de cette vie si enviée d'une reine de France.

Villars devint le confident des chagrins de Marie. Rien n'est plus touchant que ces premières épreuves d'un cœur noble et blessé qui cherche un appui, un conseil. « La reine me mena dans son cabinet et me parla avec une vive douleur des changements qu'elle voyait dans l'amitié du roi. Ses larmes coulaient abondamment. Je lui répondis : « Je crois, madame, le « cœur du roi bien éloigné de ce que l'on appelle

« amour : vous n'êtes pas de même à son égard ; mais,
« croyez-moi, ne laissez pas apercevoir que vous crai-
« gnez de la diminution dans ses sentiments. »

Marie Lecksinska était la quatrième princesse reine
ou dauphine qui, depuis la fondation de Versailles, venait chercher en France, avec une couronne, le bonheur
qui, pour le peuple, semble y être attaché ; une seule
l'y trouva, ce fut la duchesse de Bourgogne. Était-elle
la plus belle ou la plus aimable ? Non, sans doute ; mais
le prince auquel sa destinée fut liée était un saint, et
toute femme, quelle qu'elle soit, ne trouve de vrai
bonheur ni dans les grandeurs ni dans les richesses,
mais dans l'affection, et quand cette affection lui est
enlevée, la reine souffre et pleure comme une simple
femme.

Mais aux reines comme aux simples femmes Dieu
envoie de petits anges consolateurs, dont les baisers et
les caresses sèchent les larmes les plus amères.

Déjà trois princesses avaient appris à Marie Lecksinska
le bonheur si pur des joies maternelles, lorsque la naissance d'un fils vint mettre le comble à ses désirs.

Naissance du Dauphin ; encore les marguilliers ; le feu d'artifice ; anecdote. — Le premier placet présenté au petit prince. — Quelques mots sur son enfance.

Le 4 septembre 1729 naquit à Versailles ce petit grand Dauphin, dont les vertus et la mort, également sublimes et prématurées, devaient rappeler d'une manière si frappante celle de son aïeul le duc de Bourgogne.

Le roi, se rendant à la chapelle aussitôt après la naissance de son fils, rencontra cette même députation des marguilliers jusqu'alors si peu heureuse dans ses rapports avec les rois ; Louis XV s'arrêta, attendit le compliment ; mais il n'eut même pas le plaisir, comme Louis XIV, d'entendre entonner le *Domine salvum*. L'orateur troublé ne desserra pas les dents, et le roi se contenta de le saluer et continua son chemin.

Le soir de la naissance du Dauphin, Versailles présenta un aspect nouveau et *brillant*. Des feux de joie allumés devant toutes les portes, des lumières à toutes les fenêtres ; c'est au milieu de ces illuminations que le roi se rendit, avec toute la cour, à l'église Notre-Dame, où devait être chanté un *Te Deum*. Louis XV fut reçu au sortir du palais aux cris multipliés de : *Vive le roi ! Vive monseigneur le Dauphin !* et ramené de même de la paroisse royale. Le soir , un feu d'artifice réunit toute la ville sur la place d'Armes, et huit jours après un divertissement du même genre eut lieu sur le canal ; le roi y assista de l'une des fenêtres de la galerie. Le parc, selon l'usage dans ces réjouissances royales, fut ouvert à toute la foule. « Dès onze heures du soir, dit Narbonne, premier commissaire de police de Versailles, M. le prince de Dombes, M. le comte d'Eu , mademoiselle de Clermont, mademoiselle de Charolais, mademoiselle du Maine, madame la comtesse de Toulouse , confondus avec le menu peuple, étaient venus se placer en face du château et du canal, pour voir le feu d'artifice. J'étais avec ma femme , Delisle, procureur avec la sienne, et d'autres personnes de mes voisins près des princes et des princesses. Delisle, s'étant levé , dit par plaisanterie , en parlant à sa femme :

« Allons, mon mal de côté, partons !

« Mademoiselle de Charolais lui ayant demandé ce que c'était que son mal de côté, et Delisle lui ayant répondu que c'était sa femme, toutes les dames se mirent à rire aux éclats , et cette plaisanterie parut les réjouir beaucoup plus que le feu d'artifice. »

Pendant huit jours, Versailles assista à un curieux et vraiment touchant spectacle.

Les corporations voulurent témoigner au roi la part qu'elles prenaient au bonheur de la famille royale. Des bandes de garçons bouchers, charpentiers, menuisiers, maçons, tonneliers, *décrotteurs*, harengères, arrivèrent à Versailles, les uns à pied, les autres à cheval, mais tous violons en tête; ils traversaient les deux cours du château et ne s'arrêtaient qu'à la cour du marbre; là ils criaient : *Vive le roi, vive monseigneur le Dauphin !* et, s'accompagnant de leurs instruments ils exécutaient des danses naïves et pittoresques empruntées aux provinces, dans lesquelles chaque corporation recrutait le plus grand nombre de ses membres. Le roi se plaisait à ce spectacle, et chaque fois que les premiers accords d'une bourrée ou d'un pas de basque se faisaient entendre, la fenêtre s'ouvrait, et il paraissait souriant à ce bon peuple et lui faisait de généreuses largesses; mais le cardinal de Fleury, pour qui l'économie passait avant le sentiment, voulut mettre un terme aux visites des ouvriers, et il ordonna à Blouin, gouverneur du château et de la ville, de les supprimer. Voici l'ordonnance qui rétablit le calme dans la cour de marbre :

« De par le roi,

« Et M. Blouin, gouverneur du château et de la ville de Versailles,

« Sa Majesté étant satisfaite des marques de joie des habitants de la ville de Versailles, pour l'heureuse naissance du Dauphin qu'il a plu à Dieu de donner à la France ;

« Il est ordonné à tous marchands, artisans, leurs garçons et domestiques, de se retirer chez eux pour vaquer à leur travail , et de ne plus paraître par bandes dans les cours du château ni dans la ville de Versailles. »

Louis XV n'avait pas oublié les tendres soins dont la duchesse de Ventadour avait entouré sa délicate enfance ; aussi voulut-il confier à ses mains les premières années du nouveau Dauphin. Madame de Ventadour ne quittait pas le petit prince ; elle surveillait elle-même ses premiers pas dans les parterres du parc.

Un jour l'enfant royal, traversant la foule, qui avide de le contempler faisait la haie des deux côtés, aperçut un objet qui attira si vivement son attention, qu'il fallut s'arrêter ; ses petits bras s'avançaient, ses yeux se fixaient sur un papier fort brillant, barriolé de vives couleurs, et orné d'une guirlande de fleurs, qu'une pauvre femme s'efforçait d'élever au-dessus de la foule. Dès que le petit prince eut le joli papier entre les mains, il témoigna un vif plaisir et demanda à rentrer au château pour le montrer à son père. Le roi sourit en recevant des mains de l'enfant, qui ne parlait pas encore, un placet, car, on l'a deviné, c'était un placet ingénieusement présenté et, on le devine aussi, généreusement accueilli par le roi. Il avait procuré une heure de plaisir à son fils. Quel père résisterait à cette forme de supplique ?

L'enfance du Dauphin, dont Marie Lecksinska s'occupait avec un intérêt que doublait la pensée des grands
devoirs qu'il aurait à accomplir, et qu'elle seule semblait destinée à lui faire comprendre, est remplie de
ces traits charmants sur lesquels on forme des jugements pour l'avenir. La nature vive de l'enfant, unie à
un cœur excellent, les saillies de son esprit et ses rai-
sonnements si justes et si droits rendaient la tâche de
ceux qui l'élevaient agréable et facile.

Voici une assez jolie scène de cette enfance princière ; cette scène se passe dans la grande galerie de
Versailles :

Le corps municipal de la ville de Paris, ayant à sa
tête le duc de Gesvres, vint offrir au fils de Louis XV
ses premières armes : une épée, un fusil et deux pis-
tolets de luxe. Le prince, armé de pied en cap,
voulut se promener ainsi ; il se regardait dans toutes
les glaces de la galerie, répétant à chaque instant :

— Que je suis content de la bonne ville de Paris ! je
l'aime de tout mon cœur.

L'enfant, en grandissant, justifia une parole un
peu vive, mais pleine de sens, qu'il avait dite au
cardinal de Fleury lorsque celui-ci, voulant abattre
cet orgueil trop naturel aux enfants des grands, énu-
mérait un jour à son dîner tous les objets, disant de
chacun :

— Cela, monsieur, est au roi ; cela vient du roi, rien
de tout cela ne vous appartient.

— Eh bien, avait repris le Dauphin avec émotion,

que tous le reste soit au roi, mais mon cœur et ma pensée sont à moi.

Et ce cœur et cette pensée, il sut toute sa vie les garder à Dieu et en faire le cœur et la pensée d'un grand chrétien.

III

Cependant la froideur de Louis XV pour Marie Lecksinska avait pris ce caractère que ne prévoyait pas Villars, et deux cours s'étaient en quelque sorte groupées autour du roi et de la reine.

« Deux sociétés se partagèrent la cour sans efforts et sans troubles, dit un biographe de Marie Lecksinska, l'une calme et sérieuse, quoique fort aimable et même un peu galante, se groupa autour de la reine. Les duchesses de Luynes, de Mazarin et de Villars, le maréchal de Nangis, le comte de Maurepas, le cardinal de Tencin et le cardinal de Rohan, M. Amelot et le comte d'Argenson la représentaient. L'autre, jeune, frivole et dissolue, s'empara du roi, se fortifia de son ennui et de sa faiblesse, et lui révéla de nouveaux plaisirs. La comtesse de Toulouse, bonne et douce personne, qui ne pouvait ou ne voulait pas croire au mal, fut quelque temps le centre de ce monde, où brillaient MM. de Richelieu, d'Ayen et de Souvré, mesdemoiselles de Charolais et de Sens, madame de Mailly et ses sœurs, mesdames d'Estrées, d'Antin et de Montauban. Il fallait à ces jeunes femmes radieuses de santé, de force et de beauté, un air plus vif que celui des salons de Versailles ou de Fontainebleau ; Choisy, la Muette et Saint-Léger devinrent les buts de leurs promenades et des chasses du roi qu'elles suivaient en amazones. »

De l'espèce de divorce de ces deux existences royales séparées dans le palais de Versailles, il advint pour le palais lui-même de grands changements. Les appartements de Louis XV furent transformés en boudoirs, tandis que ceux de la reine présentèrent cet aspect que sait donner une femme sérieuse à sa demeure.

« Les petits appartements de la reine à Versailles, dit madame la comtesse d'Armaillé dans la vie de *Marie Lecksinska*, se composaient d'un salon, d'un cabinet de travail et d'un oratoire. Buffon a dit : « Le style, c'est l'homme ; » qu'il soit permis d'ajouter que le caractère et l'esprit d'une femme se devinent dans la pièce qu'elle occupe de préférence. Peu importe que cette pièce soit un galetas ou un salon. Rien n'est indiscret comme certains arrangements, rien ne raconte mieux l'histoire d'une femme que les dispositions du lieu qu'elle habite. On trouvait dans les petits appartements de la reine tout ce qui fait le charme de la vie intérieure ; ici des ouvrages commencés pour des pauvres et des églises, un meuble entier brodé de sa main. Là, un clavecin ouvert avec les cantates de Moncrif, les opérettes de Rameau, les chants polonais ; plus loin une table à dessiner, un rouet muni de sa vénérable quenouille, des métiers à broder, à tisser, une petite imprimerie, des fleurs, des peintures, des portraits d'enfants, des miniatures, sur une console, un vase offert par le maréchal de Nangis, un manuscrit donné par le cardinal de Fleury, une pagode de porcelaine avec des vers de madame de Boufflers ; dans une embrasure de fenêtre un cabinet contenant les livres de poésie préférés de la reine, avec des vers de la duchesse de Luynes, portant des témoignages d'amitié, de tendresse maternelle, d'occupations douces et utiles.

« L'oratoire, simplement boisé de couleur sombre, n'avait d'autre ornement que des bouquets de fleurs naturelles, et quelques saintes images. On y voyait un chapelet usé par la prière, c'était celui d'une sœur de saint Vincent de Paul de l'hôpital de Versailles dont la reine honorait ainsi l'humble souvenir. Elle passait trois heures tous les jours dans cette pieuse retraite. « Seule alors, dit l'abbé Proyard, et dans le plus pro- « fond recueillement, elle était comme anéantie devant « la majesté de Dieu. »

Ces douces et sérieuses occupations au milieu desquelles la reine trouvait ce calme et cette paix qui, pour un cœur pieux, sont presque le bonheur, ne nuisaient en rien aux devoirs auxquels l'étiquette l'obligeait. « J'admirais, disait après sa mort sa sainte fille, madame Louise, j'admirais souvent comment la reine, qui avait à remplir de grands devoirs auxquels elle était très-fidèle, avait su se mettre en liberté et vivre comme une sainte au milieu de la cour. »

La vie du roi et celle de la reine étaient donc déjà bien différentes et se trouvaient en quelque sorte séparées lorsque Louis XV, paraissant s'éveiller de cette insouciance et de cette apathie dans laquelle la politique du régent et ensuite celle du cardinal de Fleury l'avaient maintenu, partit pour la campagne de Flandres.

« En l'absence du roi rien ne fut changé à l'imposante monotonie de Versailles... Chaque soir après le salut, on se réunissait au jeu de la reine, qui soupait ensuite dans sa chambre ou chez la duchesse de Luynes avec sa société intime. Le 5 juin, un courrier lui apporta la nouvelle de la prise de Menin. L'émotion et la joie qu'avait causées en France cette brillante campagne fut troublée quelques semaines après. Le 9 août, au moment où la reine revenait de la chapelle, une lettre du comte d'Argenson lui apprit que le roi était atteint d'une fièvre qui semblait fort grave... Dès que la nouvelle du péril où se trouvait Louis XV se répandit dans Versailles, une foule immense encombra les appartements de la reine et l'accompagna jusqu'à la chapelle, où elle se rendit avec ses enfants... »

Le lendemain la même foule se pressait dans les églises où les prêtres lisaient en chaire les bulletins de Metz et l'amende honorable du roi ; puis, silencieuse, elle accompagnait avec respect les voitures de la reine et des princes qui se rendaient auprès de Louis XV...

Le jour de la rentrée de Louis XV à Versailles fut un

véritable triomphe, le roi avait été surnommé par son peuple le *bien-aimé*, et les craintes que l'on venait d'éprouver pour sa vie semblaient doubler encore l'amour des Français. « Le courrier qui apporta à Paris la nouvelle de sa convalescence, dit Voltaire, fut embrassé et presque étouffé par le peuple. On baisait son cheval, on le menait en triomphe. Toutes les rues retentissait d'un cri de joie : *Le roi est guéri !* »

La reine et les princes qui avaient précédé le roi l'attendaient à Versailles.

« Les habitants de Versailles avaient, dit *la Gazette de France*, fait élever à leurs frais vis-à-vis du château, à l'entrée de la principale avenue (l'avenue de Paris), entre la grande et la petite écurie, un arc-de-triomphe composé de trois portiques, dont celui du milieu avait trente-huit pieds de haut sur vingt de large. La hauteur des deux autres portiques était de trente-quatre pieds et leur largeur de quinze. » Les portiques ornés de statues, d'emblèmes, de guirlandes de fleurs mêlées de feuillages d'or, formaient un véritable monument.

« Entre cet arc-de-triomphe et le château étaient sous les armes, d'un côté cent enfants de douze à quatorze ans, tous vêtus de blanc, et de l'autre la garde de la ville. Huit compagnies bourgeoises, de cent cinquante hommes chacune, cinq de la ville neuve et trois du vieux Versailles, bordaient le passage du roi, depuis l'arc-de-triomphe jusqu'à la moitié de l'avenue. Trois autres compagnies à cheval, dont une avait un uniforme bleu avec des brandebourgs d'argent, et les deux autres, un uniforme écarlate avec des vestes galonnées d'or, des chapeaux brodés avec des plumets, allèrent au-devant du roi jusqu'à l'extrémité de l'avenue ; elles avaient à leur tête le comte de Noailles, gouverneur de Versailles.

« Ces trois dernières compagnies accompagnèrent Sa Majesté dans le reste de sa marche jusqu'au château, qui était illuminé, ainsi que l'arc-de-triomphe, avec autant de goût que de magnificence.

« Le soir, avant le souper du roi, la ville fit tirer un feu d'artifice. Il y eut des illuminations dans toutes les rues, et l'on n'entendait de toute part que des acclamations réitérées, d'autant plus flatteuses pour Sa Majesté, qu'on pouvait lire dans tous les yeux que ces hommages étaient moins rendus à son rang qu'à sa personne. »

L'espérance que la reine avait eu de voir le roi revenir à ses premiers sentiments pour elle et à tous ses devoirs disparut promptement ; car deux événements se succédèrent à Versailles, la mort d'une grande dame de la cour, la duchesse de Châteauroux, et peu de temps après la présentation au cercle de Marie Lecksinska de la marquise de Pompadour...

Plus que jamais nos études sur Versailles devront nous conduire dans les appartements et sur les pas de la reine ; elle seule désormais maintiendra dans le palais de Louis XIV la dignité royale.

Nous l'avons vue s'occupant de l'éducation de ceux de ses enfants élevés sous ses yeux, nous l'avons vue remplissant ses journées par l'étude et le travail, il n'est pas moins beau de suivre cette reine au milieu des splendeurs de ce palais et de ces jardins semant sur ses pas l'aumône du cœur comme celle de la fortune. Le peuple l'avait surnommée la bonne reine, et les pauvres croyaient avoir le droit de l'aborder à toute heure. Nous nous bornerons à rappeler quelques-uns des traits touchants de cette admirable charité, qui ont eu Versailles pour théâtre.

Un jour, Marie Lecksinska traversait avec son cortége les galeries de Versailles, lorsqu'elle fut arrêtée par une paysanne, qui avait mis ses parures de fête :

— Çà, ma bonne reine, je viens de loin, entendez-vous, tout exprès pour vous voir ; je vous en prie, que j'aie cette consolation un peu à mon aise.

— Bien volontiers, lui dit la reine en s'arrêtant.

Et tout de suite elle s'informe de son pays, lui demande des nouvelles de son petit ménage, où elle apprend avec plaisir qu'il n'y a pas de misère. Elle répond à son tour à quelques questions que lui fait la paysanne, et lui dit avec bonté :

— Eh bien, m'avez-vous vue à votre aise ? Puis-je m'en aller et vous laisser contente ?

Ce *pèlerinage* pour voir la bonne reine était entrepris fort souvent et de bien loin ; les lois de l'étiquette s'effaçaient devant cet amour si touchant qui faisait traverser à de pauvres femmes une partie de la France, souvent en mendiant, pour venir conter leurs chagrins à Marie Lecksinska. L'une d'elles était si vieille, que la bonne princesse ne voulut pas la laisser retourner dans son pays et la logea à Versailles, où elle allait souvent la voir et la soigner.

IV

Cependant l'enfant royal que nous avons vu si heureux en recevant son premier placet a grandi ; cette éducation chrétienne dont Marie Lecksinska a suivi toutes les phases en a fait à quinze ans un prince accompli. La plus vaste instruction, le sens le plus droit, le sentiment le plus juste de toute chose, une piété vraie, sérieuse comme celle de sa mère, mais avec moins de résignation aux souffrances de cette mère si sainte et si tendrement aimée, tel était le grand Dauphin lorsque la politique le fiança à une jeune et charmante infante d'Espagne (1745).

De brillantes fêtes furent célébrées à Versailles à cette occasion, et comme la salle de spectacle n'existait pas encore, on les donna dans la vaste enceinte du manége ; là fut représentée la *Princesse de Navarre*, cette

comédie-ballet composée par *Voltaire* pour la circonstance.

Le poëte reçut en récompense la charge de *gentilhomme ordinaire de la chambre*, avec soixante mille
francs de traitement. Voltaire, qui n'avait pas d'illusion sur son œuvre, se moqua lui-même de son succès
dans les vers satiriques qu'on va lire :

> Mon Henri Quatre et ma Zaïre,
> Et mon américaine Alzire,
> Ne m'ont valu jamais un seul regard du roi ;
> J'eus beaucoup d'ennemis avec très-peu de gloire.
> Les honneurs et les biens pleuvent enfin sur moi
> Pour une farce de la foire.

Le lendemain, la salle de spectacle était transformée
en salle de bal ; les illuminations du château et des
écuries furent une féerie nouvelle même pour Versailles. Un triple cordon de lumière les entourait, et des
lustres et des girandoles sans nombre y jetaient un
éclat merveilleux.

Cette union, si magnifiquement fêtée, se termina peu
de mois après dans le deuil : la jeune Dauphine mourait
en donnant le jour à une petite princesse qui ne lui
survécut que peu de temps. Le Dauphin pleurait amère-
ment ce bonheur si court, lorsque la raison d'État,
cette servitude des princes, vint brusquement imposer
silence à sa douleur en décidant son second mariage
avec la princesse Marie-Josephe de Saxe. Le 9 février
1747, la chapelle de Versailles reçut les serments nouveaux du Dauphin, dont l'affliction était si visible, que

la nouvelle Dauphine s'en aperçut. Elle lui dit alors généreusement :

— Pleurez, monsieur, vos regrets me sont un gage de mon bonheur,

Les fêtes données pour ce mariage furent marquées par d'assez curieux épisodes. Un des bals eut lieu dans la salle du manége des grandes écuries, et la cour seule y était admise; mais des deux côtés de la salle, un certain nombre de gradins avaient été placés pour recevoir quelques personnes de la société parisienne qui désiraient y assister ; un de ces personnages qui s'était installé dans une place réservée, ne voulant pas en changer malgré l'ordre de l'officier des gardes du corps, lui répondit :

— Je suis un tel, colonel au régiment de Champagne.

Ces mots furent entendus par une femme qui prétendait, elle aussi, conserver l'excellente place qu'elle avait usurpée; voyant que la réponse de son voisin avait réussi, elle s'écria :

— Et moi aussi, je suis du régiment de Champagne.

La cour rit fort de cette réplique, qui devint un proverbe. On disait familièrement d'une personne plus gênante que gênée, qui prenait la place où l'on n'aurait pas dû la trouver : « Elle est du régiment de Champagne. »

Un bal masqué eut lieu le lendemain du mariage du Dauphin.

On était indistinctement admis à cette fête sur la présentation d'un billet d'invitation, petite carte fort élégante entourée de dessins, de fleurs, d'arabesques et de petits amours.

Une des splendeurs de la fête était un buffet, où les plus beaux fruits se mêlaient aux chefs-d'œuvre des premiers cuisiniers de l'époque. Les invités ne tardèrent pas à s'apercevoir que chaque fois que l'on se rendait à ce buffet, on était assuré d'y trouver un grand masque portant un domino jaune des plus éclatants, et mangeant toujours avec un appétit nouveau, buvant également avec une soif intarissable, que ses nombreuses libaiions ne semblaient qu'exciter. Fort intrigué des prouesses rabelaisiennes du Gargantua inconnu, le roi le fit suivre, et l'on découvrit que le *monstre* tenait fort du célèbre Briarée; s'il n'avait pas cent bras, il avait cent bouches, et quelles bouches! Le domino jaune n'était autre que la compagnie des cent-suisses. Chaque garde à la faveur du costume venait s'escrimer successivement contre les victuailles du buffet. Or, si un seul cent-suisse mangeait comme quatre, on peut se faire une idée de ce qu'engloutit la compagnie des cent-suisses au grand complet.

Le second mariage du Dauphin, qui devait faire le bonheur de la reine, commença cependant par lui causer un sentiment pénible. On sait que l'électeur de Saxe, père de la nouvelle Dauphine, avait été nommé roi de Pologne. Marie Leckzinska, si convaincue du bon droit de son père Stanislas, avait éprouvé un serrement de cœur en apprenant le nouveau choix qu'on avait fait pour son fils. Elle accueillit cependant la jeune prin-

cesse comme une véritable fille, et alla au-devant de
l'embarras qu'elle lui supposait, et que devait faire
naître une étiquette de la cour : cette étiquette voulait,
en effet, que la nouvelle mariée portât le portrait de son
père en bracelet.

— Voici donc, lui dit Marie, le portrait du roi votre
père?

— Oui, maman, répondit vivement la Dauphine, re-
gardez s'il est ressemblant.

Quelle ne fut pas la douce surprise de la reine en reconnaissant les traits de son propre père, le roi Stanislas! On juge que ces deux cœurs se comprirent et
s'aimèrent pour toujours.

Après le mariage du Dauphin, la famille royale fut
partagée en plusieurs petits cercles. D'un côté était le
roi, isolé dans ses cabinets ou dans son château de
Choisy avec ses ministres et ses complaisants. D'autre
part, le Dauphin, la Dauphine et les princesses qui passaient entre eux leurs journées. La reine, seule, conservait dans Versailles la représentation de la cour
de Louis XIV, non par un sentiment d'orgueil, mais
dans une pieuse pensée de respect pour le passé,
autant que d'abnégation personnelle. Par sa grâce et sa
simplicité, elle ôtait à l'étiquette sa froide puérilité;
elle savait aussi en faire une sorte de lien entre la cour
et le public, admis si rarement à contempler ses souverains.

« A onze heures du matin, la reine avait entendu
une première messe, elle avait vu le roi et reçu ses enfants et ses petites entrées. A une heure, elle entendait

une seconde messe, entourée de la cour. A deux heures, elle dînait en public, servie par sa dame d'honneur et quatre femmes en grand habit. Une balustrade peu élevée la séparait de la foule toujours considérable qui assistait à ce repas. Chaque dimanche avait lieu les présentations des dames et les prises de tabouret. Alors, en quelques mots, avec un signe de tête, un regard, un sourire, elle savait encourager et rassurer la dame présentée : elle changeait son embarras en une douce confiance, et lui accordait une de ces paroles qui restaient gravées dans les cœurs avec les souvenirs de jeunesse... » Les devoirs terminés, la reine, après une courte promenade, quittait son bas de robe et l'incommode panier et se retirait dans ses petits appartements. « Là, dit le président Hénault dans ses Mémoires, ce n'est plus la reine, c'est une particulière. On y trouve des ouvrages de tous les genres, de la tapisserie, des métiers de toute sorte. Pendant qu'elle travaille, elle a la bonté de me raconter ses lectures. Elle rappelle les endroits qui l'ont frappée, elle les apprécie. Elle s'amuse à jouer de quelques instruments, de la guitare, de la vielle, du clavecin, et elle se moque d'elle-même quand elle se trompe avec cette gaieté, cette douceur, cette simplicité qui siéent si bien aux illustres personnages. Elle me renvoie vers les trois heures, et alors commencent ses lectures. Elle lit habituellement des livres d'histoire, et en vérité, il ne lui en reste plus à lire. Elle les lit dans leur langue : le français, le polonais, l'allemand, l'italien. »

Le président Hénault était donc de cette petite cour

sans étiquette où l'affection savait s'unir au respect, et
que composaient mesdames de Villars, d'Armagnac,
de Luynes, le duc et le cardinal de Luynes, le comte de
Maurepas et l'honnête duc d'Orléans, petit-fils du régent et père d'Égalité, dont la piété bizarre amusait
souvent Marie Leckzinska qui ne pouvait s'empêcher
de rire, lorsque tout à coup, au milieu de la plus innocente causerie, le prince se précipitait à genoux et im-
plorait le pardon de Dieu pour les paroles et les pensées
qui ne lui semblaient pas irréprochables.

« Le soir, la cour se rassemblait chez la reine vers six
heures. Un jeu de loto appelé Cavagnole était alors en
grande distinction. Elle se retirait vers dix heures et
passait chez la duchesse de Luynes où elle soupait
toutes les fois qu'il n'y avait pas grand couvert. »

« La conversation de la reine, enjouée et spirituelle,
était à l'aise dans ce cercle intime, dont le vieux Fon-
tenelle, à quatre-vingt-douze ans, faisait le charme. »

De son côté, le grand Dauphin formait avec ses sœurs
une société intime que la Dauphine animait par sa
gaieté et son esprit. Ce prince avait compris qu'il devait
se tenir dans une réserve absolue, et il se préparait par
l'étude et la réflexion à cette grande mission de roi qu'il
voyait, hélas! si tristement remplie. De nombreux enfants, dont l'aîné naquit en 1751, complétaient cet intérieur de famille dont tous les membres donnaient au
peuple les exemples des plus rares vertus. L'éducation
des jeunes princes devint l'occupation la plus chère de
cette vie forcément oisive du fils de Louis XV. Il semble
qu'il ait posé la base de cette éducation si sérieuse et si

chrétienne, le jour où les trois enfants, qui n'avaient été qu'ondoyés, furent réunis dans la chapelle de Versailles pour recevoir le baptême. Prenant des mains du curé de Notre-Dame le registre de la paroisse, il leur fit remarquer que le nom du fils d'un pauvre artisan précédait le leur.

— Voyez, mes enfants, leur dit-il, aux yeux de Dieu les conditions sont égales, et il n'y a de distinction que celles que donnent la foi et la vertu : vous serez un jour plus grands que cet enfant dans l'estime des peuples ; mais il sera lui-même plus grand que vous devant Dieu, s'il est plus vertueux. »

Tel était l'aspect du palais de Versailles. La cour n'était plus nulle part dans cette société scindée et dont les éléments ne pouvaient se rapprocher ; l'amour de la grandeur, le respect de la royauté que Louis XIV avait su conserver en tout temps, et qui avait maintenu la cour de Versailles dans toute sa dignité, Louis XV les foulait aux pieds, et les trophées de Fontenoy étaient impuissants à voiler des faiblesses chaque jour plus déplorables.

Cependant un événement inattendu vint émouvoir toute la France.

V

Attentat de Damiens. — L'église Saint-Louis. — Mort du Dauphin et de la Dauphine. — Mort de Marie Leckzinska.

C'était le 5 janvier 1757, Louis XV était revenu de Trianon pour voir Mesdames : sur les six heures il sortait de leur appartement accompagné de toute la cour et ayant à ses côtés le Dauphin. Il faisait nuit; la voûte conduisant de la cour royale dans le parc, par où le roi allait partir pour retourner à Trianon, était peu éclairée, et il s'y trouvait un certain nombre de courtisans et d'habitants de la ville toujours curieux de voir le souverain. Au moment où le roi allait monter en voiture, appuyé sur le comte de Brionne, grand écuyer, et le marquis de Beringhen, premier écuyer, un homme se précipite au milieu des courtisans, heurte en passant le Dauphin et le duc d'Ayen, capitaine des gardes de service, et pénétrant à travers les gardes du corps et les cent-suisses, frappe rapidement le roi d'un coup de couteau entre les côtes. Louis XV s'écria : *On vient de me donner un furieux coup de poing.* Un froid très-vif avait forcé presque tous ceux qui se trouvaient là de s'envelopper de redingottes, l'assassin en avait une.

Après avoir commis le crime, cachant son couteau, il s'était rejeté dans la foule, il aurait échappé, s'il avait eu le chapeau bas, comme tout le monde; mais le roi sentant le sang de sa blessure se retourna, et à l'aspect d'un inconnu couvert et les yeux égarés, il dit avec calme : *C'est cet homme qui m'a frappé, qu'on l'arrête et qu'on ne lui fasse aucun mal.*

Cet assassin qui se nommait Damiens, dès qu'il se vit arrêté, s'écria : « Qu'on prenne garde à monsieur le Dauphin, que monsieur le Dauphin ne sorte pas de la journée! »

Cet avertissement ne fut pas écouté. A peine rassuré par l'état du roi, le Dauphin s'empressa d'en venir rendre grâce à Dieu, et, passant par le même chemin que celui où avait été commis le crime, il entra presque seul dans la chapelle.

Pendant le peu de jours que cette blessure retint le roi loin des conseils, le Dauphin, malgré la mesure et réserve avec laquelle il remplaçait son père, montra ses rares talents aux ministres étonnés qui se répétaient: « Quelle tête! chacune de ses paroles est un trait de lumière! »

Puis tout rentra dans les habitudes ordinaires, la reine reprit ses bonnes œuvres, le Dauphin sa vie sérieuse et retirée. Ce prince, qui semblait appelé comme le duc de Bourgogne à sauver la monarchie, ne devait pas régner. Ses dernières années furent profondément affligées par les progrès des pernicieuses doctrines des philosophes; son jugement si mûr et si sérieux lui faisait apercevoir l'abîme vers lequel on poussait le roi et le royaume. Sa mort et celle de la Dauphine, qui ne put survivre à sa perte, portèrent le dernier coup au cœur brisé de la reine, et lorsqu'on se méprenait sur le mal qui la conduisait au tombeau et qu'on lui parlait de guérison : « Rendez-moi mes enfants ! » répondait-elle.

Louis XV et Mesdames de France entourèrent son lit jusqu'au dernier moment et les larmes sincères du roi rendirent plus facile à Marie le pardon chrétien de cette dernière heure.

La France dut à Marie Lecksinska la dévotion touchante et si répandue maintenant du Sacré Cœur, et le premier autel où ses fêtes furent célébrées en France avait été élevé dans la belle chapelle de Versailles par les soins de la reine heureuse d'avoir obtenu du souverain pontife l'établissement de cette dévotion dans sa nouvelle patrie. Versailles lui dut aussi une fondation charitable et pour laquelle le roi disposa d'une partie de la belle terre de Clagny, qui, créée par Louis XIV comme un second petit Versailles, avait appartenu en dernier lieu à la Dauphine Marie-Josèphe. Avant d'assister à son changement complet qui en fit à la fois le siége de l'œuvre de Marie Lecksinska et l'agrandissement du quartier Notre-Dame, rappelons-nous la charmante description que nous en a laissée madame de Sévigné. « Nous fûmes à Clagny : que

« vous dirai-je ? c'est le palais d'Armide. Le bâtiment
« s'élève à vue d'œil ; les jardins sont faits. Vous con-
« naissez la manière de le Nôtre, il a laissé un petit
« bois sombre qui fait fort bien ; il y a un bois entier
« d'orangers dans de grandes caisses ; on s'y promène,
« ce sont des allées où on est à l'ombre ; et pour cacher
« les caisses, il y a des deux côtés des palissades à
« hauteur d'appui, toutes fleuries de tubéreuses, de
« roses, de jasmins, d'œillets ; c'est assurément la
« plus belle, la plus surprenante et la plus enchantée
« nouveauté qui se puisse imaginer ; on aime beaucoup
« ces bois. »

La fondation inachevée à la mort de la reine, fut terminée par Mesdames avec un pieux respect, c'était un
vaste monastère dont les beaux bâtiments forment aujourd'hui le collége de Versailles. Des religieuses ursu-
lines y élevaient des jeunes filles ; le texte de leur
belle œuvre fut comme le testament de la bonne
reine : « Les religieuses ne doivent exiger que deux
« cents livres de pension au plus des filles des officiers
« ordinaires attachés à la personne du roi et à celles
« des princes et princesses de la famille royale, dont
« les pères et mères voudraient leur confier l'éduca-
« tion : elles doivent au prix d'une rétribution mo-
« deste procurer un asile aux filles et aux femmes
« attachées au même service, qui, dans un âge avancé
« désireraient se retirer chez lesdites religieuses, et
« enfin élever et enseigner gratuitement les jeunes
« filles de tout âge de la ville de Versailles et des en-
« virons. »

Les huit jours pendant lesquels la chambre de Marie Lecksinska fut transformée en chambre ardente présentèrent le plus touchant spectacle ; les pauvres, ces amis de la reine, se mêlaient aux courtisans et aux grandes dames et s'agenouillaient devant la princesse couchée sur un lit de parade et dont les traits calmes offraient l'image d'un doux sommeil. Priaient-ils pour elle, ou plutôt ne l'invoquaient-ils pas ? ne leur semblait-elle pas plus puissante encore, maintenant qu'elle partageait la gloire du Roi du ciel, que lorsqu'elle portait la couronne d'un roi de la terre ?

VI

Les enfants du grand Dauphin, enfance du duc de Berry. — Mesdames de France, filles de Louis XV. — Portraits de ces princesses. — L'étiquette de la Cour à cette époque : le débotté du roi. — Madame Louise quitte Versailles pour se faire carmélite. — Ce qu'était Versailles en 1770. — Église de Saint-Louis. — Embellissements du château, la salle de l'Opéra, le salon d'Hercule, mort du cardinal de Fleury. — Le parc. — La pièce d'eau de Neptune. — Le Petit-Trianon. — La fiancée du Dauphin.

Après la mort de la reine, tout ce qui était douce gaieté, plaisirs sérieux, royale dignité, semble avoir quitté Versailles. Louis XV vivant de plus en plus dans ses petits appartements, Mesdames de France continuant les œuvres de la reine dans une retraite qui n'était interrompue que pour quelques usages d'étiquette, tels que le grand cercle que madame Adélaïde tenait à la place de sa mère, enfin les enfants du grand Dauphin continuant sous les regards scrupuleux du duc de la Vauguyon l'éducation sérieuse dont leur auguste père avait lui-même tracé le plan, tel était l'aspect nouveau que le palais de Louis XIV devait présenter pendant quelques années.

La mort du grand Dauphin, si peu connu, si peu apprécié de son temps, renouvela cependant les regrets que la France avait ressentis à la mort du duc de Bourgogne, et Louis XV, qui semblait se plaire à creuser le gouffre de la monarchie, fut lui-même effrayé et ne put s'empêcher de s'écrier à la mort de son fils : Pauvre France ! un Dauphin de onze ans et un roi de cinquante-cinq ! »

Ce Dauphin de onze ans, qui devait être Louis XVI, avait excité dès sa plus tendre enfance la vive sollicitude de son auguste père ; le grand Dauphin était justement effrayé de la réserve et de la timidité du duc de Berry ; il semblait comprendre que, dans cette époque de renouvellement et forcément de lutte, la main qui tiendrait les rênes de l'État après Louis XV aurait besoin d'autant de fermeté que d'initiative. La solidité du jugement et les hautes qualités du jeune prince donnaient à son père l'espoir de vaincre ses honnêtes défauts en étudiant tous les jours davantage la nature de ce fils qu'il élevait pour la France, et de lui faire donner, comme il le disait, *libéralement* ce qu'il ne promettait qu'avec réserve. La mort l'arrêta, et si les soins touchants, la sollicitude admirable des hommes dont il avait entouré son fils, développaient chaque jour cet esprit sérieux et gardaient avec un respect religieux l'honnêteté et la pureté de ce cœur, ils ne surent pas combattre cette timidité et ce doute de soi-même qui troublaient jusqu'à ses jeux d'enfant. Madame Adélaïde, qui l'aimait tendrement, l'emmenait souvent dans ses appartements et essayait de lui rendre le mouvement, la gaieté naturelle à son âge : « Allons, mon pauvre Berry, lui disait-elle, tu es ici à ton aise, tu as tes coudées libres, parle, crie, fais bien du bruit, je te donne carte blanche. »

Avec de telles dispositions, l'amour de l'étude et l'éloignement de cette vie de cour si funeste aux jeunes princes furent les tendances toutes naturelles qui conduisirent le duc de Bercy à une solide et rare instruction et à une vertu plus rare encore. « Les maîtres cessèrent de lui commander avant qu'il eût cessé de leur obéir, dit le comte de Falloux, et lorsque les convenances royales l'eurent affranchi de leur tutelle, il se fit disciple d'une règle qu'il n'enfreignit jamais. C'était mieux que l'innocente ignorance du mal, mieux qu'une jeunesse providentiellement préservée qu'il fallait admirer en lui, c'était une âme saintement inspirée, une candeur armée d'une volonté réfléchie ; tout concourait pour séduire ou vaincre des résolutions passagères. Et quel funeste piége n'était pas la vieillesse du roi pour l'inexpérience du prince adolescent ! »

Les deux frères du Dauphin formaient un contraste complet avec lui ; leur vivacité, l'esprit remarquable du comte de Provence, la légèreté toute française du comte d'Artois, plaisaient plus à la cour ; mais, si au milieu du plaisir d'une chasse brillante, lorsque le son du cor retentissant au loin sonnait l'hallali, les impétueux jeunes gens ordonnaient qu'on traversât les champs sans penser aux récoltes, le Dauphin au contraire com-

mandait impérieusement d'arrêter ses chevaux, s'é-
criant : « Quoi ! voulez-vous donc ravager un terrain si
précieux ! » C'était alors le Dauphin que le peuple bénis-
sait.

Tandis que s'achève cette royale éducation du Dauphin, rendons-nous dans la partie du château qu'habi-
tent mesdames de France. Des sept filles de Louis XV,
quatre seulement survécurent à Marie Lecksinska. Chacune nous présente une différente physionomie : madame Adélaïde avait été belle d'éclat, genre de beauté
qui dure peu ; mais son esprit, son instruction rare,
rappelaient beaucoup le côté sérieux de sa mère ; elle
aimait, on le sait, la musique passionnément, car ses
portraits nous la représentent jouant des instruments
les moins féminins, tels que le cor et la guimbarde,
espèce de basse qui fait le plus singulier effet entre les
mains d'une femme, elle avait voulu en effet apprendre
à jouer de tous les instruments connus. Madame Victoire était belle, douce, charitable ; madame Sophie,
sans beauté, d'une timidité sauvage qu'égalait une pol-
tronnerie proverbiale à la cour. Enfin venait madame
Louise, la dernière fille de Marie Lecksinska, qui dans
une de ses lettres nous donne son portrait : « Je n'ai
rien vu de si agréable que la petite (elle était alors à
Fontevrault), elle a la physionomie attendrissante et
très-éloignée de la tristesse, je n'en ai pas vu une si
singulière, elle est touchante, douce et spirituelle. »

Dès son retour à Versailles, madame Louise cherchait à imiter les vertus si rares de la reine ; la mort de
madame Henriette la frappa douloureusement et com-

mença à lui donner ces désirs de perfection qui plus
tard devaient la conduire à la vocation religieuse : « J'a-
vais, dit-elle, dans Henriette un beau modèle, elle vivait
comme une sainte, tout le monde le disait et ce que
nous voyions nous le disait aussi ; quand elle était for-
cée d'aller au spectacle, elle y priait Dieu. Sa mort me
fit la plus grande impression ; je sentais combien il
est doux de mourir aussi saintement qu'elle, mais ma
vie était bien différente de la sienne, et j'avais grand
peur de mourir avant d'avoir commencé à mieux
vivre. »

Voici donc madame Louise à l'œuvre pour *mieux
vivre*, elle l'angélique princesse qui d'avance avait
consacré aux pauvres tout l'argent de ses menus plaisirs, de telle sorte qu'on en disposait pour eux sans lui
en parler. Toutes ses heures de loisir étaient employées
à travailler pour les malheureux ; les pratiques de la
plus haute perfection lui devinrent bientôt familières :
lorsque la nuit a succédé aux plaisirs des petits appartements, que les lustres et les girandoles sont éteints,
une petite lumière tremble à l'une des fenêtres du
palais ; cette lumière, c'est la *chandelle* qui éclaire les
pieuses veilles de la princesse s'habituant ainsi aux
pratiques et à la pauvreté des carmélites, à genoux devant un crucifix, couverte d'un cilice et déchirant ses
épaules des rudes coups de la discipline en priant pour
le roi... Car elles adoraient leur père, ces quatre princesses si pieuses, et Louis XV les aimait aussi tendrement ; il leur donnait chaque jour quelques instants de
ses matinées.

« Tous les matins, dit madame Campan, le roi descendait chez madame Adélaïde, souvent il y apportait et y prenait du café qu'il avait fait lui-même ; madame Adélaïde tirait un cordon de sonnette qui avertissait madame Victoire de la visite du roi ; madame Victoire en se levant pour aller chez sa sœur sonnait madame Sophie, qui sonnait à son tour madame Louise.

« Le soir à six heures mesdames de France interrompaient la lecture que je leur faisais pour se rendre avec les princes chez le roi ; cette visite s'appelait le *débotté du roi* et était accompagnée d'une sorte d'étiquette. Les princesses passaient un énorme panier qui soutenait une jupe chamarrée d'or et de broderies ; elles attachaient autour de leur taille une longue queue, et cachaient le négligé du reste de leur habillement par un grand mantelet de tafetas noir, qui les enveloppait jusqu'au menton. Les chevaliers d'honneurs, les dames, les pages, les écuyers, les huissiers portant de gros flambeaux, les accompagnaient chez le roi ; en un instant tout le palais habituellement solitaire se trouvait en mouvement. Le roi baisait chaque princesse au front, et la visite était si courte, que la lecture interrompue recommençait souvent au bout d'un quart d'heure. »

Si madame Campan était lectrice de mesdames, un célèbre Italien, Goldoni, la remplaçait quelquefois ; l'auteur de l'*Enfant d'Arlequin*, surnommé le Molière italien, avait pris la France en si grande passion, qu'il ne pouvait la quitter ; grâce à quelques protections, il s'était fait attacher à mesdames comme lecteur et professeur d'italien.

Cependant un jour le carrosse de madame Louise prit la route de Saint-Denis ; la princesse, disait-on, allait prier sur le tombeau de la reine, le soir le carrosse revint vide, et Louis XV, qui seul savait le secret de sa sainte fille, eut le courage de l'apprendre à ses sœurs désolées. Madame Louise avait consommé ce grand sacrifice qu'elle méditait depuis longtemps, et Saint-Denis, qui offre une demeure à nos princes après leur mort, avait ouvert un autre tombeau, celui du cloître des carmélites, à la princesse qui toute vivante s'ensevelissait pour l'amour de Dieu et le salut de son père !

Une nouvelle vie va bientôt ranimer la solitude du château de Versailles et combler tous ses vides, le Dauphin vient d'être fiancé à l'une des filles de Marie-Thérèse. En attendant l'arrivée de cette jeune princesse, rendons-nous compte des progrès de la ville et des changements opérés dans le château depuis l'avénement de Louis XV.

Louis XIV, en mourant, avait recommandé à son petit-fils de ne pas imiter son amour pour le faste ; l'économe cardinal de Fleury avait cherché à entretenir son royal élève dans des idées opposées à toute dépense inutile, et ce mot, dans la bouche du cardinal, avait une grande extension. Devenu ministre, il fit toutes les réductions possibles, même jusqu'à faire élever les plus jeunes des princesses à Fontevrault, malgré le chagrin que la reine ressentait de n'avoir pas sous ses yeux tous ses enfants. Ces précautions du sage vieillard n'ôtèrent pas à Louis XV ce goût de grandeur naturel à sa race, et il se plut à augmenter encore la beauté de sa royale demeure. Versailles dut ainsi à ce règne quelques embellissements, entre autres la construction de son église principale, car le quartier Saint-Louis à peine percé sous le règne précédent s'était étendu aux dépens du parc aux cerfs, réservé si longtemps pour la chasse royale.

Depuis 1725 une petite succursale de Notre-Dame avait été construite dans ce nouveau quartier, et Louis XV, jugeant combien elle était insuffisante, résolut de la remplacer par un monument digne de Versailles ; ce fut Hardouin Mansart, petit-fils du grand Mansart, qui fut chargé de l'élever. Son plan, qui rappelle beaucoup celui sur lequel fut construit Saint-Roch à Paris, fut réduit par économie ; le roi voulut en poser la première pierre. Ce fut le 12 juin 1743 ; des fenêtres de la communauté des Missionnaires, la reine, mesdames de France et la cour assistaient à la cérémonie : « Louis XV était accompagné du Dauphin. Il s'avança vers l'église et y monta par une rampe en pente douce et sablée, placée vers l'endroit où devait se trouver la principale entrée. Le contrôleur général des finances, Orry, directeur général des bâtiments du roi, et le marquis du Muy, directeur général des économats, chargé spécialement de la surveillance des travaux, vinrent au-devant du roi et lui présentèrent l'architecte Mansart.

« Pendant ce temps l'archevêque de Paris, revêtu de

ses habits pontificaux, précédé de tout le clergé, la croi[x]
en tête, reçut le roi et le conduisit sous une tente, où
l'on avait placé un fauteuil pour lui, et un tabour[et]
pour le Dauphin. L'archevêque, placé près d'une croi[x]
posée la veille où devait être le maître-autel, commença
les prières, le roi les suivait dans un livre présenté par
le premier aumônier. Lorsqu'elles furent achevées, le
roi s'avança vers le bas du pilier du chœur le plus
proche de l'autel, du côté de l'évangile, pour y poser la
première pierre. »

La ville s'était enrichie d'une autre église dans le
quartier éloigné de Montreuil ; des hôtels de la Guerre,
de la Marine et des Affaires étrangères ; enfin d'un beau
monument destiné à former la bibliothèque de Versailles

Le château, auquel avait manqué, tout le temps du
règne de Louis XIV, une salle de spectacle, vit bientôt
s'élever, un peu trop près de sa chapelle, on doit le reconnaître, le plus élégant théâtre rivalisant avantageu-
sement avec les plus beaux édifices de ce genre dans
toute l'Europe. L'un des salons du palais fut aussi décoré magnifiquement par Lemoine ; l'apothéose du dieu
de la Force qui remplit tout le plafond valut à cette admirable salle le nom de salon d'Hercule. Le cardinal
de Fleury vivait encore lorsque Louis XV fit exécuter
ces embellissements ; le ministre économe ne put maî-
triser sa mauvaise humeur quand le roi le fit entrer
dans ce salon resplendissant : au lieu du cri d'admiration auquel s'attendait Louis XV, le ministre osa for-
muler ce jugement hardi et maussade : « J'ai toujours
pensé que ce morceau gâterait Versailles. »

Si nous descendons du palais dans le parc, nous admirerons cette pièce d'eau de Neptune dessinée sous Louis XIV, mais achevée sous Louis XV, et d'où l'eau jaillit de manière à offrir le grandiose spectacle auquel semblent assister les souverains de l'empire nautique, Neptune et Amphytrite, groupes admirables d'une hardiesse et tout à la fois d'une grâce divine. Nous nous permettons cependant de critiquer ici le goût de le Nôtre qui a placé ce chef-d'œuvre de telle manière qu'il n'est pas vu du château ; il nous semble qu'au pied du tapis vert il eût été d'un effet doublé par l'ensemble dont il eût fait partie.

Enfin, abrité par les beaux ombrages de Trianon, un modeste rival s'élevait et osait déjà s'appeler le Petit-Trianon. Ce ravissant pavillon que dominait superbement le palais du Grand-Trianon était une délicieuse demeure au milieu de ses bosquets d'arbustes et de ses parterres de fleurs rares ; on aurait voulu y rencontrer une jeune femme, une autre duchesse de Bourgogne, tant il semblait offrir un cadre charmant pour une existence heureuse et pure. Ce vœu sera bientôt réalisé, car nous sommes en 1770, et Versailles attend la fiancée du Dauphin qui s'appelle Marie-Antoinette !

VII

Arrivée de Marie-Antoinette à Versailles. — Cérémonies du mariage du Dauphin. — Première lettre de la Dauphine à sa mère. — Origine de son affection pour la princesse de Lamballe. — Sa visite aux Carmélites de Saint-Denis. — Sa douleur après la catastrophe de la place Louis XV.

Marie-Antoinette! si jamais ce nom magique a ému les cœurs, c'est à l'époque où je l'écris, et la gloire de notre siècle, malgré ses fautes et ses faiblesses, ce sera d'avoir réhabilité le nom de cette noble victime de la calomnie, le nom de Marie-Antoinette.

Lorsque, le 16 mai 1770, la fille de Marie-Thérèse arriva à Versailles, elle produisit un effet inexprimable. Le peuple s'inclina avec une admiration voisine de l'idolâtrie devant cette enfant qui n'avait pas quinze ans et qui semblait réunir sur son front toutes les couronnes que la nature donne aux femmes en attendant celle de reine que lui promettait la France, et la couronne d'épines que Dieu cachait encore dans les ombres de l'avenir plus obscures que celles du passé.

Jamais la belle chapelle de Versailles n'avait été parée pour recevoir plus charmante fiancée. La princesse tout émue et toute joyeuse de devenir Dauphine de France vint s'y agenouiller auprès de ce fils du grand Dauphin qui, à seize ans, possédait déjà les plus sérieuses vertus.

« Vers une heure après midi, dit le *Mercure*, Ma-
« dame la Dauphine se rendit à l'appartement de sa
« Majesté, d'où l'on alla à la chapelle dans l'ordre sui-
« vant : le grand maître, le maître et l'aide des céré-
« monies marchaient à la tête et précédaient Monsei-
« gneur le Dauphin qui donnait le bras de Madame la
« Dauphine. Le roi venait ensuite, ayant devant lui
« Monseigneur le comte de Provence, Monseigneur le
« comte d'Artois et les princes du sang. Sa Majesté était
« suivie de Madame et des princesses du sang, ainsi
« que des principaux officiers de Sa Majesté. Monsei-
« gneur le Dauphin et Madame la Dauphine, en arri-
« vant à la chapelle, s'avancèrent au bas de l'autel, et
« se mirent à genoux sur un carreau placé sur les mar-
« ches du sanctuaire. L'archevêque de Reims, grand
« aumônier, après avoir fait un discours à Monseigneur
« le Dauphin et à madame la Dauphine, commença la
« cérémonie par la bénédiction de treize pièces d'or et
« d'un anneau d'or; il les présenta à Monseigneur le
« Dauphin, qui mit l'anneau au quatrième doigt de
« la main gauche de Madame la Dauphine, et lui remit
« les treize pièces d'or. Les cérémonies du mariage
« ayant été achevées, et Monseigneur le Dauphin et

« Madame la Dauphine ayant reçu la bénédiction nup-
« tiale, le grand aumônier commença la messe, pen-
« dant laquelle la musique du roi exécuta un motet de
« la composition de l'abbé de Ganjorgues, maître de
« musique de Sa Majesté. Après l'Offertoire, Monsei-
« gneur le Dauphin et Madame la Dauphine allèrent à
« l'offrande, et à la fin du *Pater* on étendit au-dessus
« de leurs têtes un poêle en brocard d'or et d'argent.
« L'évêque de Senlis, premier aumônier du roi, tenait
« le poêle du côté de Monseigneur le Dauphin, et l'é-
« vêque de Chartres, premier aumônier de Madame la
« Dauphine, le tenait du côté de cette princesse. Ils ne
« l'ôtèrent que lorsque le grand aumônier eut achevé
« les prières ordinaires. La messe étant finie, le grand
« aumônier s'approcha du prie-Dieu du roi, et présenta
« à Sa Majesté le registre des mariages de la paroisse
« royale, que le curé qui avait assisté à la cérémonie du
« mariage avait apporté. Le roi, accompagné de Mon-
« seigneur le Dauphin et de Madame la Dauphine, des
« princes et des princesses du sang, et des seigneurs et
« dames de la cour, fut reconduit à son appartement
« dans le même ordre qui avait été observé en allant
« à la chapelle. »

A peine mariée, la jeune princesse pensa à sa mère,
à cette grande Marie-Thérèse, si tendre pour ses enfants, et qui sans doute priait en ce moment à Vienne
pour que la bénédiction de Dieu se répandît sur l'union
de sa fille et du Dauphin de France ; et prenant la plume
elle lui écrivit ces mots si simples et si touchants:

« Madame ma très-chère mère,

« Je me suis échappée du grand cercle, dans ma
« grande toilette de mariée, pour m'acquitter de la
« promesse formelle que j'avais faite à ma chère ma-
« man, de lui écrire ce mot, tout de suite après que
« la messe de mariage aurait été célébrée. Je suis Dau-
« phine de France. Déjà à genoux en présence de celui
« qui dispose de tout, j'ai beaucoup pensé aux bons con-
« seils et aux bons exemples de ma chère maman. Je
« lui baise les mains avec respect, en la priant de me
« continuer ses bontés. »

En traversant la France au milieu des ovations et des
cris joyeux qui l'accueillaient partout, la jeune archiduchesse avait ressenti deux impressions plus profondes
que toutes les autres. La première avait été causée par
le triste et charmant visage de la jeune princesse de
Lamballe, déjà enveloppée des crêpes douloureux des
veuves ; la seconde par les grilles du couvent de Saint-
Denis derrière lesquelles elle était allée embrasser Madame Louise. Cette prison austère du Carmel, toute volontaire qu'elle fût, avait fait frisonner son jeune cœur.
Mais la voici, comme elle le dit, Dauphine de France.

Louis XV, qui trouvait sa petite-fille ravissante, voulut
la fêter avec autant d'éclat et de splendeur que Louis XIV
lui-même avait fêté la duchesse de Bourgogne. La salle
de spectacle, à peine achevée, permit de surpasser encore les plus belles fêtes du grand siècle. Cette salle,
éclairée de mille lumières, remplie des femmes de la
cour dans ces toilettes merveilleuses où l'or, les perles
et les diamants, étaient prodigués, offrait un coup d'œil

12

dont on ne peut que difficilement se faire une idée, Marie-Antoinette était déjà reine au milieu de ces fêtes, et sa beauté défiait toutes celles de la cour. Quoiqu'elle aimât beaucoup le plaisir, l'horrible accident qui marqua, sur la place Louis XV, les réjouissances de la capitale, l'attristait si profondément que, dès qu'elle était seule, elle fondait en larmes. Lorsqu'on cherchait à la consoler, en lui disant, qu'on avait reconnu beaucoup de voleurs parmi les victimes, elle répondait: « Mais aussi que d'honnêtes gens ont péri avec eux !

VIII

Tableau de la famille royale à cette époque; impressions de la
Dauphine. — L'étiquette et les dîners de la famille royale.

Tout semblait facile à cette charmante enfant, dési-
reuse de plaire à tous, ne cherchant qu'à se faire aimer;
mais cette cour était composée d'éléments bien divers,
et la jeune princesse ne tarda pas à s'apercevoir que sa
tâche était plus difficile qu'elle ne l'avait d'abord pensé.
Elle-même trace, dans une lettre à sa mère, avec son
style simple et naturel, qui ne manque pas d'originalité, le plus joli portrait et le plus vrai de la famille
royale :

« Je crois avoir réussi auprès du roi ; il est pour moi
« d'une bonté dont je suis toute heureuse, et lui qui
« parle très-peu, il m'encourage et m'adresse la parole
« quelquefois longtemps. Je ne me suis pas encore bien
« rendu compte des vrais sentiments de mes tantes, qui
« sont tantôt démonstratives, tantôt froides et piquantes,

« surtout la moins jeune. Peut-être je les juge mal.
« Pour les sœurs de monsieur le Dauphin, elles sont
« toujours les mêmes. Clotilde est la douceur même,
« raisonnable, avenante, avec un sourire de bonté sur
« les lèvres. Elisabeth n'est pas un caractère méchant,
« mais plutôt entier et rebelle. Elle a sept ans et
« gagne beaucoup, et l'on surprend chez elle des traits
« de sensibilité qui sont charmants. M. de Provence,
« tout jeune qu'il soit, est un homme qui se livre peu
« et se tient dans sa cravate. Je n'ose pas parler devant
« lui depuis que je l'ai entendu, à un cercle, re-
« prendre déjà pour une petite faute de langue la pauvre
« Clotilde, qui ne savait où se cacher. Le comte d'Ar-
« tois est léger comme un page et ne s'inquiète ni de
« la grammaire ni de quoi que ce soit...., La cour ici,
« quoi qu'on en dise, est plus triste que gaie, il y a des
« étiquettes souvent *très-ennuyantes*, je suis heureuse
« du reste, et monsieur le Dauphin est fort poli et fort
« attentif... »

Parmi ces étiquettes *ennuyantes*, comme le disait
Marie-Antoinette dans son *jeune* français, il faut compter le grand couvert ou dîner en public tous les jours.

« Marie-Antoinette, dit madame Campan, observa cette
« coutume fatigante tant qu'elle fut Dauphine : le Dau-
« phin dînait avec elle, et chaque ménage de la famille
« avait tous les jours son dîner public. Les huissiers
« laissaient entrer tous les gens proprement mis; ce
« spectacle faisait le bonheur des provinciaux. A l'heure
« des dîners, on ne rencontrait dans les escaliers que
« de braves gens qui, après avoir vu la Dauphine man-

« ger sa soupe, allaient voir les princes manger leur
« bouilli, et qui couraient ensuite, à perdre haleine,
« pour aller voir Mesdames manger leur dessert.

La jeune Dauphine a tracé elle-même dans une de
ses lettres l'ordre de ses journées.

« Je me lève à dix heures ou à neuf heures et demie,
« et, après m'être habillée, je dis mes prières du matin,
« ensuite je déjeune et de là je vais chez mes tantes où
« je trouve ordinairement le roi. Cela dure jusqu'à dix
« heures et demie; ensuite, à onze heures, je vais me
« coiffer. A midi on appelle *la chambre*, et là tout le
« monde peut entrer, ce qui n'est pas de communes
« gens. Je mets mon rouge et lave mes mains devant
« tout le monde; ensuite les hommes sortent et les
« dames restent, et je m'habille devant elles. A midi
« est la messe; si le roi est à Versailles, je vais avec lui,
« mon mari et mes tantes à la messe; s'il n'y est pas, je
« vais seule avec monsieur le Dauphin, mais toujours à
« la même heure, Après la messe nous dînons à nous
« deux devant tout le monde, mais cela est fini à
« une heure et demie, car nous mangeons fort vite tous
« les deux. De là je vais chez monsieur le Dauphin, et
« s'il a affaire, je reviens chez moi, je lis, j'écris ou je
« travaille, car je fais une veste pour le roi, qui n'avance
« guère, mais j'espère qu'avec la grâce de Dieu elle sera
« achevée dans quelques années. A trois heures je vais
« encore chez mes tantes, où le roi revient à cette heure
« là; à quatre heures l'abbé de Vermont vient chez
« moi; à cinq heures, tous les jours, le maître de cla-
« vecin et à chanter jusqu'à six heures. A six heures et

« demie je vais presque toujours chez mes tantes, quand
« je ne vais pas me promener; il faut savoir que mon
« mari va presque toujours avec moi chez mes tantes.
« A sept heures on joue jusqu'à neuf heures; mais,
« quand il fait beau, je m'en vais promener, et alors il
« n'y a point de jeu chez moi, mais chez mes tantes. A
« neuf heures nous soupons, et, quand le roi n'y est point,
« mes tantes viennent souper chez nous, mais quand le
« roi y est, nous allons souper chez elles. Nous y atten-
« dons le roi qui vient ordinairement à dix heures trois
« quarts; mais moi, en attendant, je me place sur un
« grand canapé et dors jusqu'à l'arrivée du roi. Quand
« il n'y est pas, nous allons nous coucher à onze
« heures. »

La Dauphine dut tenir bientôt après son mariage
ce grand cercle que tenait la reine, honneur qui, depuis la mort de Marie Lecksinska, avait appartenu à
madame Adélaïde et que cette princesse était aussi jalouse de conserver que Marie-Antoinette eût été peu dési-
reuse de le lui enlever, s'il n'avait fallu avant tout obéir
à l'*étiquette*, cette première ennemie de la jeune princesse habituée à la vie simple des princes d'Autriche.
Aussi donnait-elle quelquefois une pensée de regret à
son passé d'archiduchesse. « Ah! ma chère sœur,
« écrit-elle à l'archiduchesse Christine, que nous étions
« heureuses auprès de notre bonne mère! qu'elle était
« bonne et grande! Je me vois toujours auprès d'elle,
« ou sur ses genoux, dans le grand salon de la Burg où
« Joseph nous pinçait. »

La cour de France, dont on avait à l'étranger une si

merveilleuse idée, était ombrageuse pour ses moindres usages qui lui semblaient des lois. Marie Lecksinska avait su concilier tout cela et se dédommager dans son intérieur, au milieu de ses œuvres de piété, de ses lectures sérieuses et de ces travaux d'art. Marie-Antoinette eût compris et cette cour et cette vie; mais l'exemple et les conseils de la reine, seuls auraient pu la faire marcher dans ce chemin difficile. Cette direction lui manqua. Sans appui, sans expérience, elle désirait n'avoir que des amis, et elle se fit plus d'un ennemi sans s'en apercevoir.

IX

Mariages des comtes de Provence et d'Artois. — Vie intime et
plaisirs des *trois jeunes ménages*. — Les bonnes fortunes de
Monsieur le Dauphin. — Popularité des princes. — Mort du
duc de Brissac. — Prise de voile de Madame Louise. — La
princesse de Lamballe, amie de la Dauphine. — Mort de
Louis XV.

Les mariages successifs des comtes de Provence et
d'Artois avec deux sœurs, princesses de la maison de
Savoie, complétèrent à Versailles une cour renouvelée.
Marie-Antoinette y vit la possibilité d'une intimité,
d'une vie de famille; aussi s'empressa-t-elle de faire à
ses jeunes belles-sœurs toutes les avances que son cœur
lui dictait.

« J'ai imaginé, écrit-elle à sa sœur, avec les femmes
« de mes deux beaux-frères, de faire table commune
« quand nous ne mangeons pas en public... Ainsi nous
« sommes toujours six à table au dîner et au souper.
« L'appartement du comte de Provence étant plus com-
« mode, on s'y réunit d'ordinaire ; j'ai voulu avoir aussi

« ma part pour le souper, et madame d'Artois nous a
« beaucoup amusés en demandant aussi d'avoir le tour
« des honneurs. Cela répand entre nous une confiance
« et une gaieté dont tout le monde se ressent. Le comte
« d'Artois hasarde, pendant le repas, des folies que le
« comte de Provence appelle des *entremets*... Je m'ap-
« plaudis beaucoup de mon idée, qui a le mérite
« d'amener une intimité plus grande entre mon mé-
« nage et celui de mes belles-sœurs; nous formons
« vraiment une famille, ce qui qui nous permettra de
« nous mieux entendre pour éviter les inconvénients
« vis-à-vis du père commun. » (1775.)

« Il nous est venu aussi une idée folle, bien amu-
« sante, qu'il avait été convenu de tenir très-secrète, de
« peur que le roi n'y mît opposition, tout innocent que
« c'était : c'était de jouer, rien qu'entre nous, des co-
« médies, toutes portes closes. Ceci convenu, il nous
« fallait un auditoire. Monsieur le Dauphin, qui était
« enrhumé ou plutôt qui ne voulait pas être du nombre
« des acteurs, s'est proposé, et on a décidé à l'unani-
« mité que le rôle d'auditeur serait pour les enrhumés.
« Il est impossible de s'amuser davantage et de re-
« prendre plus drôlement son sérieux que notre audi-
« toire qui tenait sur une chaise; les trois quarts du
« plaisir pour nous étaient dans le travestissement. La
« comtesse de Provence avait des inventions uniques;
« son mari, qui savait toujours ses rôles par cœur,
« savait aussi ceux des autres et nous servait de souffleur
« quand nous bronchions. Tout à coup, nous avons eu
« des raisons de craindre d'être découverts et nous

« avons cru prudent de renoncer à nos plaisirs de pen-
« sionnaires. Je crois que nous aurons demain notre
« dernière représentation. C'est bien dommage, dit
« Monsieur le Dauphin, car mon frère d'Artois aurait
« fini par devenir capable de bien gagner sa vie dans
« les amoureux à la Comédie-Française et à la Foire.
« Gardez tout cela pour vous, car on pourrait nous
« prendre pour des fous quand nous sommes des
« sages. »

En effet, à l'une des représentations et au moment
d'entrer en scène, la Dauphine s'aperçut qu'il manquait
quelque chose à son costume, elle envoya M. Campan
pour chercher l'objet qu'elle avait oublié. Celui-ci, dans
son empressement, partit sans dissimuler son déguise-
ment. Il était en Crispin! Rencontrer un Crispin se
promenant dans les galeries de Versailles était chose
assez nouvelle pour produire une certaine sensation;
ce fut ce qui arriva à l'un des valets de chambre qui,
voyant quelqu'un se cacher derrière une porte, poussa
cette porte et se trouva face à face avec le masque. Il
appela à son secours avec une telle terreur, que M. Campan n'eut autre chose à faire que de courir de toutes
ses forces pour le retenir, ce à quoi il ne réussit pas
sans peine, car la peur, qui ôte souvent les jambes, en
avait donné de si agiles au malheureux, qu'il arpentait
corridors et escaliers avec une célérité désespérante.
Enfin le lecteur de la reine l'atteignit, se fit reconnaître
et obtint une promesse de silence. Cependant les princesses instruites de l'incident n'osèrent se fier à la dis-
crétion d'un valet, et les représentations cessèrent.

Oui, comme le disait la Dauphine, c'étaient des *sages*
que ces princes qui se tenaient prudemment en dehors
de la triste politique qui gouvernait la France à cette
époque. Ces innocents plaisirs n'étaient pas les seules
occupations de leurs journées, et s'ils cachaient leur
dignité sous des costumes empruntés pour se donner le
plaisir de jouer la comédie, on les voyait plus souvent
encore déposer les insignes de leur rang pour porter
des aumônes jusque chez les indigents. C'est en sortant
en simple frac d'une pauvre chaumière où l'on bénis-
sait le généreux inconnu, que le Dauphin se rencontra
avec de jeunes pages tout étonnés du costume que portait le prince. Celui-ci s'écria avec une grâce que sa
timidité ordinaire ne laissait pas soupçonner : « Con-
venez, messieurs, que je suis plus malheureux qu'un
autre, je ne puis aller en bonne fortune sans être
trahi ! »

L'amour du peuple, qui depuis longtemps n'appelait
plus Louis XV *le Bien-Aimé*, sembla se reporter tout
entier sur le Dauphin et la Dauphine, et le vieux duc
de Brissac put dire un jour sans flatterie à la jeune princesse en lui montrant la foule qui se pressait toujours
sous son balcon dès qu'elle y paraissait : « Voyez, madame, ce sont autant d'amoureux. »

Ces premières années de Marie-Antoinette à Versailles éveillent les souvenirs de la duchesse de Bourgogne. Mais on cherche en vain le protecteur, le père,
le roi enfin qui, étendant sa royale main sur la tête de
la jeune princesse, avait su faire respecter jusqu'à ses
défauts. Oui, Louis XIV manqua à Marie-Antoinette, et

Louis XV ne sut pas même faire valoir les charmantes qualités de la jeune Dauphine. L'étiquette de Versailles sous Louis XV était d'une fatigante minutie. Ce fut pour avoir voulu s'y soustraire que Marie-Antoinette vit s'élever contre elle les premières et sourdes haines de la cour et même de quelques membres de la famille royale. Sous Louis XIV, l'étiquette représentait ce qu'on pourrait appeler les rites de la dignité royale sous le plus majestueux des monarques, et cependant lorsque la duchesse de Bourgogne faisait quelque chose qui en blessait les lois, nul n'osait s'en apercevoir, car le roi avait souri à sa fille bien-aimée. L'étiquette, à mesure que la figure de la royauté diminuait, perdait sa raison d'être; d'où vient qu'on était implacable envers Marie-Antoinette, que cette comédie de gravité fatiguait?

Un des premiers établissements que la jeune Dauphine désira visiter fut cette célèbre maison de Saint-Cyr, où s'était terminée, sous les yeux de madame de Maintenon, l'éducation de la duchesse de Bourgogne. « Vous me demandez, écrivait-elle à sa sœur, si j'ai déjà « vu l'établissement des filles nobles de Saint-Cyr; « c'est une des premières choses dont j'avais parlé, « j'étais très-curieuse de voir une maison si célèbre; « elle ne me paraît pas très-*favorite* aujourd'hui. Je « l'ai visitée en détail il y a une huitaine de jours avec « Monsieur le Dauphin, ses frères et la petite farouche « Élisabeth, qui deviendra très-gentille et ne quitte pas « ma main. On ne jure là que par Louis XIV et par « madame de Maintenon. La supérieure nous a montré « l'endroit où les pensionnaires jouaient les pièces de

« Racine devant le roi, et les élèves nous ont donné le
« divertissement d'une petite pièce en musique. Si je
« pouvais oublier que je suis Dauphine de France,
« j'aurais lieu de m'en souvenir, car la pièce était en-
« core sur mon mariage. Il y avait de jolies voix et ça
« a été vraiment *très-charmant*; toutes ces jeunes filles
« avec leurs ceintures avaient l'air d'oiseaux de toutes
« couleurs qui ne demandaient qu'à s'envoler; il y en
« avait une qui vous ressemblait, et notez que c'est celle
« qui chantait le mieux. »

Dans une autre lettre, la jeune Dauphine décrit à sa
mère avec un sentiment exquis de délicatesse et de foi
l'impression qu'elle ressentit à la prise de voile d'une
des élèves de Saint-Cyr.

« Je suis retournée à Saint-Cyr il y a quelques jours,
« dit-elle, pour donner le voile à une demoiselle pen-
« sionnaire très-intéressante; la cérémonie a été aussi
« touchante que possible. J'ai toujours été effrayée de
« cette vie qui sépare à jamais du monde; il faut pour
« s'y résigner une grâce bien grande, et, en prenant
« part à la cérémonie, je me demandais si c'était une
« morte dont je clouais la bière. Elle avait bien une
« autre pensée et elle avait l'air d'un ange qui épouse
« Jésus-Christ. Je suis sortie de là très-émue et très-
« édifiée. Je n'ai pas été quitte d'émotions de ce genre,
« j'en ai eu une autre plus forte encore, car, quelques
« jours après, je suis allée au couvent des Carmélites
« de Saint-Denis pour donner le voile à ma tante Ma-
« dame Louise, qui fera profession l'année prochaine.
« La cérémonie a été très-imposante; ma tante avait la

« sérénité d'une sainte. Le nonce y représentait le
« pape. Il y avait un concours considérable d'évêques
« et une affluence de spectateurs extraordinaire qui
« donnait à la solennité quelque chose de frappant... »

La prise de voile de Madame Louise avait en effet
tellement ému la jeune princesse qu'elle arrosait de ses
larmes les vêtements religieux dont elle couvrait son
auguste tante. De toutes les filles de Louis XV, Madame
Louise était la plus faite pour comprendre la simplicité
des goûts de la Dauphine, elle si heureuse d'échanger
les splendeurs et l'étiquette de Versailles contre la vie
humble et pénitente du cloître. Que de conseils la Dauphine, et plus tard la reine, vint demander à celle qui,
loin des grandeurs qu'elle avait connues, les rabaissait
à leur juste valeur ! car, il faut le reconnaître, le caractère de Louis XVI ne lui permettait pas d'être l'appui
nécessaire à sa jeune femme, pas plus qu'elle ne pouvait trouver dans ce cœur si honnête, mais si timide, cet
épanchement d'affection qui était pour elle une seconde
vie. Elle le demanda donc à la femme la plus digne de
l'honneur d'être l'amie de la reine, à cette jeune veuve
du prince de Lamballe qui, à dix-huit ans, pleurait un
époux de vingt ans qu'elle aimait tendrement, malgré
tout ce qu'il avait fait pour perdre son affection et son
estime. Louise de Carignan portait sur son ravissant
visage cette expression de candeur, de bonté, de bienveillance qui ne trompe pas et qui avait si vivement
frappé Marie-Antoinette à son arrivée à Fontainebleau.
La Dauphine se donna la noble tâche de ramener sur
ce jeune front la sérénité et de faire quelquefois sourire

ces lèvres contractées par la tristesse. Elle voulut enfin lui rendre tout le bonheur dont ce cœur, brisé sitôt et si cruellement, était encore capable. Elle lui offrit de partager non-seulement ses distractions, ses plaisirs, mais ses sentiments et ses idées; et rien n'était charmant comme de voir ces deux jeunes femmes, toutes deux si belles, toutes deux si pures, dont l'une n'avait pas encore connu la douleur, tandis que l'autre avait déjà tant souffert, confondre leur vie, s'unir dans leurs charités comme dans les fêtes, visiter ensemble la chambre du malheureux, et éclairer de leur splendide beauté les bals intimes de la cour. D'autres fois, le même traîneau, car Marie-Antoinette avait remis à la mode ce plaisir abandonné depuis de longues années, les emportait toutes deux à la lumière de mille flambeaux sur le grand canal par les froides nuits d'hiver. La princesse de Lamballe, disait une femme d'esprit, « avait alors l'air de l'été sous la fourrure. »

La Dauphine s'était ainsi attaché le cœur le plus dévoué, et jamais, on le sait, amie ne fut plus digne de ce nom que la vertueuse belle-fille du duc de Penthièvre.

Cependant cette phase heureuse et riante de la vie de la jeune Dauphine touchait à son terme. Ces quatre années d'innocents plaisirs , de douces occupations, de jeune popularité, s'étaient vites écoulées, lorsque Louis XV fut atteint de la petite vérole, ce mal terrible auquel il avait échappé une première fois à l'époque de son mariage, mais qui ne devait pas lui faire grâce

dans sa vieillesse. La bonté du roi fit oublier en ce moment ses coupables faiblesses, et tous les princes, qui
l'aimaient extrêmement, voulurent le soigner. Louis XV
ne le permit qu'à ses filles, et les trois princesses, malgré leur âge et leur faible santé, s'enfermèrent dans
cette chambre, respirant cet air si corrompu, que plusieurs personnes moururent seulement pour avoir traversé les corridors qui l'avoisinaient.

La maladie fit de rapides progrès, et le roi demanda
lui-même les derniers sacrements. Un beau spectacle
nous attend à cette dernière heure du règne de Louis XV.
Les portes de cette chambre lugubre s'ouvrent. Mesdames de France tombent à genoux autour du lit du
roi. Le grand aumônier vient de paraître portant le
saint viatique. Aussitôt Louis XV rejette ses couver-
tures et se lève à moitié sur son lit, répondant à son
médecin qui veut le retenir : « Eh quoi, lorsque Dieu
« fait à si peu que moi l'honneur de le visiter, ne dois-
« je pas me lever pour le recevoir ! »

Le cardinal de la Roche-Aymon, tenant l'hostie
sacrée, prononce alors au nom du roi trop faible pour
remplir lui-même ce grand devoir, ces paroles que son
émotion interrompt : « Quoique le roi ne doive compte
« de sa conduite qu'à Dieu seul, il déclare qu'il se ré-
« pent d'avoir causé du scandale à ses sujets, et qu'il ne
« désire vivre désormais que pour le soutien de la reli-
« gion et le bonheur de ses peuples. » Puis le souverain
mourant reçut le Dieu qui pardonne, et ce fut les lèvres
appuyées sur l'image du Christ qui a expié les crimes

du monde, qu'il rendit le dernier soupir. Ce crucifix, c'était celui de madame Louise, la seule de ses filles qui n'avait pu recevoir ses derniers adieux.....

Le Dauphin et la Dauphine, éloignés par la volonté royale attendaient dans leurs appartements la fatale nouvelle. « Un bruit terrible, dit madame Campan, et « absolument semblable à celui du tonnerre se fit en- « tendre dans la première pièce de l'appartement. C'é- « tait la foule des courtisans qui désertaient l'anti- « chambre du souverain expiré pour venir saluer la « nouvelle puissance de Louis XVI; à ce bruit étrange, « Marie-Antoinette et son époux surent qu'ils allaient « régner. »

Tous deux tombèrent à genoux et s'écrièrent : « O mon « Dieu ! nous régnons trop jeunes ! Mon Dieu, guidez- « nous ; protégez notre inexpérience ! » Le premier acte du nouveau roi était une prière à cette Providence de qui relèvent les souverains comme les peuples.

Tout était prêt pour le départ de la famille royale, qui devait, aussitôt la mort du roi, se rendre à Choisy. Aussi, dès que le signal convenu, une bougie éteinte à la fenêtre du roi, fut donné, les pages et les écuyers montèrent à cheval... Quelques minutes après ils suivaient la nouvelle royauté quittant Versailles.

Oubliant sans doute de quelle maladie Louis XV était mort, le duc de Villequier, suivant l'étiquette, ordonna au premier chirurgien du roi, Andouillé, d'ouvrir le corps du roi et de l'embaumer. « Je suis prêt, répondit « Andouillé ; mais, pendant que j'opérerai, vous tien-

« drez la tête, votre charge vous en fait un devoir. Le
« duc de Villequier n'insista plus. »

Voici, sans commentaires, ce que contient la *Gazette
de France* sur le cérémonial des funérailles de Louis XV.

« Le 12 de ce mois on fit, à sept heures du soir, la
« levée du corps du feu roi, qui fut conduit sans céré-
« monie à Saint-Denis, selon l'usage pratiqué pour les
« princes qui meurent de la petite vérole. L'évêque de
« Senlis, premier aumônier de Sa Majesté, accompagna
« le convoi. Les deux paroisses et les récollets de cette
« ville le suivirent jusqu'à la place d'Armes. »

VERSAILLES SOUS LOUIS XVI

I

Portrait des membres de la famille royale et tableau de la cour
à l'avénement de Louis XVI. — Goûts de ce Prince. — Disposition de ses petits appartements. — Son exactitude, la montre
menteuse. — Versailles déblayé de la neige pendant le rude
hiver de 1775. — Mariage de madame Clotilde. — Marie-Antoinette au Petit-Trianon. — Simplicité de la reine et de ses
plaisirs. — Un promeneur inattendu.

La petite vérole, qui avait si rapidement emporté
Louis XV, et répandu la terreur dans le palais de Versailles, était d'une nature si contagieuse, que dix personnes étaient mortes pour avoir traversé la galerie sur
laquelle s'ouvrait la chambre du roi.

Lorsque la royale résidence parut suffisamment as-
sainie, la jeune cour y rentra.

Entrons au cercle de la reine, où se trouve réunie la

famille royale. Le roi a vingt-deux ans. La première impression qu'on éprouve à sa vue, c'est la confiance. La sérénité de son front est un reflet de la droiture d'âme de celui qu'on a surnommé si justement *le plus honnête homme de son royaume*. A ses côtés se tient Marie-Antoinette, dont la ravissante beauté reste majestueuse malgré le vif rayon de gaieté qui éclaire sa physionomie et je ne sais quel gracieux abandon. Son esprit fin serait tourné à la raillerie, sans la bonté adorable qui l'unit à Louis XVI pour faire du bien, toujours du bien, tout le bien possible. Puis voici le comte de Provence, *glissant sur ses pointes*, selon l'expression pittoresque de la reine, très-fier de sa rare instruction et ne passant pas une erreur de langue où d'histoire même à ses jeunes sœurs ; le comte d'Artois, léger, ardent, un peu frivole, mais bon, véritable *page* de la famille royale ; les deux jeunes princesses que les deux frères venaient d'épouser, formant avec madame Clotilde, appelée à devenir une sainte, et madame Élisabeth, qui devait rester un ange, cette toute jeune cour. Un peu au-dessous, j'aperçois le vertueux duc de Penthièvre et son angélique belle-fille, dont la candeur et la douce charité semblaient l'auréole de son charmant visage. Avez-vous vu quelquefois un frais tableau où les fleurs les plus gracieuses couronnent les fruits les plus beaux ? L'illusion est telle, qu'il semble que l'on respire le parfum de ces fleurs, que l'on goûte l'exquise saveur de ces fruits. Mais tout à coup le regard s'arrête troublé, car l'artiste, par un caprice singulier, ou peut-être par une pensée philosophique, a placé au milieu de cette fraîche corbeille un de ces insectes qui, sous de brillantes couleurs, cache le venin dont il va flétrir ces roses et ternir ces fruits.

Ainsi se trouvait au milieu de la famille royale un prince sur lequel son gouverneur, le comte de Pons, avait porté ce terrible jugement: « J'ai fini l'éducation d'un jeune prince qui fera du bruit; mais il ne faudra pas l'offenser, *il ne pardonnera jamais.* » C'était le duc d'Orléans, qui devait plus tard s'appeler *Egalité!*

L'enfance de Louis XVI, à laquelle nous avons déjà consacré quelques pages, nous l'a montré sérieux dans ses études et dans ses goûts ; aussi, dès qu'il fut maître dans la résidence de son aïeul, il transforma les petits appartements du roi, auxquels on ne pouvait donner sous Louis XV que le triste nom de boudoirs, en salles d'études et en ateliers de travail. Louis XIV avait ignoré qu'un roi eût besoin de petits appartements ; sa vie tout entière se passait dans la représentation, et il restait souverain vingt-quatre heures de suite. Ce rôle royal ne convenait vraiment qu'à lui. Tout autre pouvait en sentir par moments le poids et la fatigue, et quel plus noble repos que la retraite au milieu de l'étude telle que l'entendait Louis XVI? Lorsque l'on entrait dans son salon, les yeux portaient sur des plans immenses comme celui du canal de Bourgogne et plus tard du Hâvre et de Cherbourg. De belles gravures, que des artistes encouragés par sa bonté lui avait dédiées, en faisaient le principel ornement. Une autre salle était consacrée a la science préférée de ce prince, la géographie ; des globes, dès sphères, les cartes les mieux gravées, la

13.

tapissaient; on remarquait aussi une bibliothèque presque vide, car elle était destinée à tous les ouvrages qui devaient paraître sous son règné.

A ces salles d'étude succédaient, nous l'avons dit, des ateliers de travail. La santé de Louis XVI, pendant son enfance, avait exigé le mélange de travaux manuels à ses études intellectuelles, et il avait dû à ces travaux une partie de sa force physique. Il en conserva l'habitude, et son tour de menuiserie ainsi que sa forge de serrurerie, installés dans ses petits appartements, le délassaient de son travail de tête, lorsqu'il ne pouvait prendre la distraction de la chasse ou de la promenade. C'était là que Gamain, — depuis Louis XIV, ses ancêtres avaient été serviteurs du roi — donnait des leçons au prince qui se montraient plein de bonté pour lui. On sait comment cet ingrat dénonça l'armoire de fer des Tuileries, dont seul il avait connaissance. Après la mort de Louis XVI, il eût l'infamie d'accuser le roi d'avoir voulu l'empoisonner. Les chefs du gouvernement révolutionnaire lui payèrent par une pension 12,000 livres cette odieuse calomnie. Un autre enfant du commerce de Versailles avait aussi ses entrées au château; c'était Blaizot. Tout jeune garçon, il vendait des images aux enfants de la cour, et le Dauphin, qui avait remarqué sa physionomie intelligente, l'avait pris en amitié; il causait avec lui et se plaisait à ses heureuses réparties. Cette circonstance fit sa fortune. Devenu roi, Louis XVI le nomma son libraire en ne lui demandant qu'une seule preuve de reconnaissance : c'était de recueillir tous les pamphlets et les libelles publiés contre le roi et de les lui remettre. La police, qui n'était point informée de l'ordre donné par le monarque, ayant fait une descente à la librairie de Blaizot, trouva une grande quantité d'écrits contre le roi et le gouvernement, et l'intendant de police indigné désigna Blaisot comme ayant mérité la Bastille. Louis XVI fit aussitôt appeler le garde des sceaux, et, lui racontant pourquoi son libraire se procurait tous ces écrits, il ajouta ces belles paroles : « Comment voulez-vous que je connaisse l'opinion publique ? Croyez-vous que je puisse découvrir la vérité dans les écrits où l'on me prodigue des éloges ? Je sais la confiance que méritent les courtisans. »

Tout homme dont la vie est sérieusement occupée s'habitue à distribuer ses heures entre les différentes tâches qu'il doit remplir; Louis XVI avait cette exactitude scrupuleuse que son frère, le comte de Provence, devait spirituellement appeler *la politesse des rois*.

C'était à peu près sa seule exigence à l'égard des officiers attachés à son service; l'un d'eux manqua un jour à l'heure indiquée, et ne trouva pas d'autre excuse que l'irrégularité de sa montre. Le roi la saisit, et par un mouvement vif et brusque, il la jette au milieu du feu, en disant : « Voici le cas que je fais d'une menteuse. » Le lendemain, le bon prince se repentait de sa vivacité, et dès son lever il voulut la réparer. L'officier se trouvait cette fois ponctuellement arrivé à l'heure matinale où Louis XVI commençait la journée : « Vous avez donc une autre montre, lui dit le roi. — Oui, sire. — Eh bien alors, vous en aurez deux, répondit Louis XVI en lui présentant la sienne. Mais je vous conseille de vous en tenir à celle-ci, elle est parfaitement véridique. »

Les épreuves de ce règne malheureux semblèrent commencer dès ses premières années. L'hiver le plus rude couvrit Versailles et ses environs de plusieurs pieds de neige en 1775, et de nombreux ouvriers sans ouvrage et sans pain encombraient les avenues de la ville. Louis XVI les enrôla, et, bravant le froid, il allait chaque jour encourager leur travail, doublant souvent leur salaire; puis, lorsque la journée était finie et que le roi rentrait au palais, il était suivi de cette armée de travailleurs couverts de neige qui, à la lumière des torches éclairant leur marche, produisaient l'effet de longues files de fantômes blancs et criaient de tout leur cœur : Vive le roi!

Ce fut cette même année que l'aînée des jeunes sœurs du roi, Madame Clotilde, quitta la France pour épouser un prince de Piémont. Sa figure était charmante, mais son embonpoint énorme l'avait fait surnommer Gros-Madame. Cette princesse, dont l'esprit était doux et fin et le caractère indulgent, ne se fâchait nullement de ce surnom. Elle avait été la première à dire au prince qu'elle épousait : « Vous me trouvez bien grasse? — Je vous trouve charmante, » avait répondu celui-ci, véritablement enchanté des traits délicats, de l'esprit aimable, du caractère angélique de la princesse.

Ce mariage, qui avait suivi de près celui des deux princesses de Piémont avec le comte de Provence et le comte d'Artois, suggéra à la muse de la chanson, tou-

jours un peu railleuse en France, ce quatrain original :

> Le bon Savoyard qui réclame
> Le prix de son *double* présent,
> En échange reçoit Madame :
> C'est le payer bien grassement.

Combien les larmes de Madame Clotilde au moment
de quitter le roi et toute la jeune famille royale eussent
été plus amères, si elle eût prévu leur destinée cruelle !
Alors sans doute, comme Madame Élisabeth, elle se fût
dévouée au roi et eût renoncé à son bonheur personnel pour partager le malheur de son frère ! Mais Dieu
l'appelait à gagner dans un autre pays l'auréole des
saints, laissant à ceux qu'elle quittait la palme des
martyrs.

L'étiquette, qui avait toujours pesé à la Dauphine, paraissait insupportable à la reine. Une cour simple, facilement en rapport avec les classes inférieures, qui aurait
en outre l'immense avantage de diminuer les dépenses
dans un temps où le pain était si cher et lorsque déjà
l'on saisissait dans le peuple plus d'un indice de mé-
contentement, telle fut l'illusion de Marie-Antoinette.

Cette honnête illusion éloigna d'elle une partie de la
noblesse, en particulier cette famille de Noailles profondément blessée du surnom de *Madame l'Etiquette,*
donné un peu légèrement par Marie-Antoinette à la duchesse de Noailles, sa dame d'honneur. Les cours qui vi-
vent du faste n'aiment point la simplicité. En outre, les
esprits prudents faisaient observer que ce n'est pas aux

têtes couronnées à affaiblir leur prestige. Une partie de la famille royale, celle qui se ralliait à Mesdames de France, tantes du roi, s'unirent à cette coterie qui commença une sourde opposition contre Marie-Antoinette. L'ombre de Louis XIV semblait rendre impossible dans le château de Versailles cette vie simple que rêvait la reine, mais les frais ombrages, les fleurs embaumées, les clairs ruisseaux du Petit-Trianon, étaient vraiment le cadre où cette princesse pouvait se permettre d'être heureuse à la manière des simples particuliers, plus souvent enviés qu'ils ne le pensent par les grands de la terre.

La plus belle des reines à Versailles, la plus charmante des femmes à Trianon; à la petite maison, véritable miniature du Grand-Trianon, la reine ajouta ce joli village où châlets, laiterie, rustique presbytère, vous transportent dans une petite Suisse d'opéra comique. La laitière qui offrait à ses visiteurs du lait de ses vaches amenées des cantons helvétiques, c'était la reine elle-même, plus belle qu'à Versailles, avec ses cheveux blonds sans poudre, sa taille souple et mince, dégagée des immenses paniers que remplaçait une robe blanche flottante. Le roi, les princes, les amies de la reine, car Marie-Antoinette s'était donnée ce doux luxe d'avoir des amies, venaient partager cette vie de repos et de simples et rustiques plaisirs, si nouvelle pour eux. Un théâtre élégant, un vrai petit chef-d'œuvre de goût, y voyait quelquefois ces innocentes représentations sitôt interrompues au commencement du mariage du Dauphin; mais le Dauphin, je veux dire le roi, n'était plus à lui seul l'auditoire, quoique, du reste, tout se passât dans le cercle de l'intimité.

Une fois par semaine seulement, les allées du Petit-Trianon s'encombraient d'une foule nombreuse; sous leurs vêtements des dimanches, on reconnaissait le commerçant de Paris, l'ouvrier lui-même venant se reposer avec sa famille d'une semaine de travail. La reine avait voulu que, ce jour-là, sa propre demeure devînt celle de tout les Français.

Un orchestre installé dans un bosquet faisait bientôt entendre ces accords joyeux que les oreilles de la jeunesse écoutent toujours avec émotion; la famille royale et la reine elle-même ouvraient le bal auquel ensuite chacun prenait part.

Le *bon peuple* seul n'y penétrait pas toujours. Les grilles du parc souvent ouvertes trompaient quelquefois le promeneur attiré par ces parterres enchanteurs. Il passait du dehors au dedans sans s'en douter, et jamais un officier de police ne venait le réveiller de son agréable illusion. Un de ces promeneurs herborisant se trouva ainsi dans une des allées du jardin de la reine, et, quoique la tête baissée vers la terre où il recherchait quelque plante *utile à l'humanité*, il s'aperçut de la présence de deux jeunes femmes assises sur un banc et causant avec cette effusion de l'amitié qui est un des bonheurs de la vie. Il les salua gauchement, évidemment contrarié de ne pouvoir les éviter. Soit bienveillance, soit simple curiosité, l'une d'elles lui adressa la parole; la réponse du promeneur fut empreinte de cette amertume que la jalousie et l'envie amènent du cœur sur les lèvres.

— Vous me paraissez, monsieur, aimer peu les grands, dit une des deux femmes; ce sont cependant des hommes comme les autres.

— On craint toujours les rois, reprit sentencieusement l'étrange promeneur; l'amour et la crainte ne sauraient se rencontrer à la fois dans l'âme.

La conversation continuant sur ce ton d'aigreur d'un côté et de douce curiosité de l'autre, la jeune femme se hasarda à lui demander son nom.

— Mon nom? s'écria-t-il comme un homme tout étonné de n'être pas reconnu, peut-être l'avez-vous entendu prononcer. Je suis Jean-Jacques Rousseau, de Genève.

— Vous voulez dire Jean-Jacques de l'Univers, reprit la gracieuse femme en réprimant un mouvement de surprise.

L'esprit atrabilaire de celui qui s'était emphatiquement nommé l'amant de la nature et qui en réalité n'aimait que lui, ne fut pas insensible à cette louange délicate.

— Vous êtes trop bonne, madame, je ne suis qu'un pauvre homme obscur.

— Non, mais vous êtes injuste envers les rois.

Cette phrase, qui n'avait pas été prononcée sans émotion, fit lever à Jean-Jacques son regard indécis, et, reconnaissant la princesse qui lui parlait :

— On m'avait dit, murmura-t-il à voix basse, que la reine n'était pas ici.

— Elle ne veut pas y être.

— Ce n'est pas la même chose... mais je ne perdrai pas le souvenir de cette journée... Je sens maintenant qu'on peut au moins aimer les reines.

Quelques instants de silence suivirent le départ de Rousseau. Marie-Antoinette, restée pensive, serra la main de la princesse de Lamballe.

— Hélas! dit-elle, ces philosophes apprennent à nos sujets à ne pas nous aimer, nous qui avons tant besoin de leur amour!

II

Un quartier nouveau tendait à se former dans la ville de Versailles, et dès le règne de Louis XV une charmante église y avait été élevée : c'était Montreuil. Parmi les habitations élégantes qui s'y trouvaient, la plus fraîche, la plus fleurie était celle de madame de Rohan-Guéménée, gourvernante des enfants de France. Souvent les princesses Clotide et Élisabeth y avaient passé ensemble d'agréables journées ; maintenant seule, Madame Élisabeth venait s'y promener. Depuis le départ de sa sœur, cette jeune princesse ne pouvait chasser une mélancolie qui inquiétait d'autant plus le roi qu'on pouvait la regarder comme un symptôme de vocation religieuse, et que la vie si calme, si heureuse dans la retraite, de Madame Louise semblait l'attirer. La reine, qui dès son arrivée en France avait vivement aimé sa petite belle-sœur et

qui avait compris que dans la sauvage Élisabeth se
trouvait le germe de grandes vertus, résolut de tout
tenter pour conserver au roi cette sœur qu'il aimait si
tendrement. Marie-Antoinette ne semblait-elle pas deviner ce que cette affection devait être pour eux tous?
« Je viens, écrit-elle à sa mère, d'avoir un long entre-
« tien avec le roi sur Élisabeth. Il est irrité, chagrin et
« bien embarrassé. Ma bonne maman connaît Élisabeth
« par tout ce que lui en a dit mon frère Joseph et par ce
« que je lui en ai dit moi-même. A mon arrivée en
« France, j'avais trouvé en elle une petite sauvage qu'on
« ne pouvait apprivoiser, brusque, rude, emportée et
« volontaire à faire peur, indocile à toute remontrance.
« Il n'y a qu'une mère qui aurait pu adoucir ce carac-
« tère-là. Dans les premiers temps, on avait beau don-
« ner une entière autorité aux dames gouvernantes, ce
« ne pouvait être la même chose : à peine si elle avait
« connu sa mère. Cependant elle avait un bon fonds,
« et, ce qui rassurait, beaucoup de sensibilité. Il n'y
« avait qu'à trouver la manière de diriger tout cela. Son
« obstination pouvait devenir caractère et sa fierté un
« bon point de direction. Et comme elle était sensible,
« on pouvait lui faire comprendre l'avantage et le bon-
« heur d'être aimée. Le roi lui a parlé sur son carac-
« tère avec patience et douceur, et plus souvent avec
« humeur. Et comme on a vu que la douceur avait plus
« de succès, on a cessé de la cabrer. Les gouvernantes
« ont usé, suivant les circonstances, de l'affabilité et
« de la froideur, elles ont fait parler la religion et
« l'émulation, en l'associant à Clotilde qu'elle aimait

« tendrement. Enfin on a si bien réussi, qu'on a été tro[p]
« loin. Dès que Clotide a été mariée, Élisabeth n'[a]
« cessé de pleurer comme une Madeleine; elle est de[-]
« venue sombre, retirée en elle-même; elle s'est jeté[e]
« dans la piété la plus forte, et elle a fini par demande[r]
« au roi de se mettre en religion aux Carmélites. Cel[a]
« afflige beaucoup le roi. Elle avait fait d'abord de cett[e]
« idée un grand secret; mais il y avait trop d'yeux au[-]
« tour d'elle pour que le secret ne me soit pas parvenu[.]
« Je l'ai emmenée à mon Trianon pour lui causer seul[e]
« à seule ; et, malgré sa fermeté apparente, il m'a sembl[é]
« qu'il y aurait encore remède. Le roi ayant été avert[i]
« d'une autre part, comme j'allais lui en parler, il m'a[-]
« vait dit qu'il prétendait bien qu'il n'en serait rien
« avant sa majorité , et il le lui a fermement signifié
« quand elle s'est ouverte. J'ai demandé au roi s'il ne
« trouverait pas à propos de devancer pour elle le temps
« de lui donner une maison, cela absorberait sa pensée,
« et comme elle aurait plus qu'aujourd'hui les moyens
« de faire du bien , elle ne songerait plus à s'enterrer.
« L'idée a paru bonne au roi, qui compte sur moi. »

L'intelligente affection de la reine avait compris ce
qu'il fallait à la jeune princesse. Devenu à quatorze ans
presque sa maîtresse , elle chercha dans l'amitié et la
charité toutes les satisfactions qui manquaient à son
grand cœur. La forme que donna Marie-Antoinette à ce
véritable service est digne d'elle: une promenade à la propriété de madame de Rohan, que cette grande dame était
obligée de vendre, fut le prétexte naturel qui s'offrit à
la pensée de la reine. Après avoir parcouru ces belles

allées parfumées par des massifs de fleurs rares, les deux princesses vinrent se reposer dans l'habitation. « Vous êtes chez vous, » dit la reine à sa sœur ravie de cette aimable surprise.

Madame Élisabeth s'entoura des personnes chères à son enfance. Elle voulut avoir près d'elle la marquise de Bombelles et la comtesse de Raigecourt, ces deux compagnes de ses jeux et de ses études, dotées et mariées par elle. Le première était fille de madame de Makau, l'autre de madame de Causans qui avait dirigé son éducation. Montreuil, grandi et embelli, mérita cet éloge de Dellile :

Les Grâces en riant dessinèrent Montreuil.

C'était une Grâce aussi qui l'habitait, celle que M. de Falloux a si bien peinte par ces paroles : « Intime complément de son frère dont elle vécut et mourut inséparable, elle était la bonne grâce de toutes ses vertus, » Grâce chrétienne dont la beauté si pure, la vie angélique, ressortent de l'époque terrible où elle vécut, comme la pure figure d'un ange dans les Actes des martyrs.

La princesse mena à Montreuil une vie de château dont la régularité et la piété empruntaient quelques traits à cette vie monastique que pendant quelque temps elle avait rêvée. La lecture, le travail presque toujours pour les pauvres, la promenade, avaient leurs heures marquées ; la fin de la journée se terminait par un repas commun avec ses dames et par la prière du soir. Cette prière rassemblait tous les serviteurs de la princesse, et, selon la promesse évangélique, les voix réunies montaient au ciel plus puissantes; puis les voitures de la cour ramenaient Madame Élisabeth à Versailles où elle couchait.

Les pauvres de Montreuil étaient devenus les enfants de la jeune princesse. Les légumes et les fruits de ses potagers leur étaient distribués. Avec quelle tendresse vraiment maternelle elle réservait aux petits enfants le lait de ses vaches, car la princesse à Montreuil, comme la reine à Trianon, avait voulu avoir ses vaches. Grâce à cette charitable fantaisie, tout un naïf poëme des montagnes, l'églogue du pauvre Jacques, se trouva encadré au sein de la cour et aux portes de Paris qu'envahissait déjà le réalisme révolutionnaire. Jacques était donc un enfant de la Suisse qui avait accompagné les vaches installées à Montreuil. C'était lui qui avait le soin, nous dirions presque l'honneur, de distribuer le lait aux petits protégés de la princesse. Initié aux mystères de ces charités, il répétait souvent: « Ah! quelle bonne princesse; non, la Suisse entière ne contient rien d'aussi parfait! » La Suisse avait pourtant gardé Marie la gentille fiancée du jeune pâtre, et souvent Madame Élisabeth surprenait l'enfant des montagnes assis, mélancolique et triste. Au milieu de la vie si heureuse que la bonne princesse faisait à tous les gens qui l'entouraient, Jacques avait souvent les larmes aux yeux. Madame Élisabeth ne pouvait voir souffrir si près d'elle, et bientôt le nom de Marie fut prononcé par Jacques et compris par la généreuse princesse. Un jour Jacques rencontra Marie au détour d'une allée. La Suisse

entière avec le bonheur était transférée désormais pour
lui à Montreuil. Le couple fut uni dans la jolie église
du village. Le fiancé et la fiancée portaient le pittoresque costume du canton de Fribourg. Au retour, les
jeunes mariés trouvèrent tout un petit ménage installé
dane une rustique cabane que Madame Élisabeth leur
avait fait élever dans son jardin. Longtemps cette histoire resta populaire. Elle donna naissance à une touchante romance due à madame de Travanet, car on a
toujours aimé à chanter en France. Qui n'a entendu,
qui n'aimerait pas encore entendre *le Pauvre Jacques*,
cette idylle née entre une larme et un sourire, dans le
riant jardin de Montreuil.

> Pauvres Jacques, quand j'étais près de toi,
>   Je ne sentais pas ma misère ;
> Mais à présent que tu vis loin de moi.
>   Je manque de tout sur la terre.
>
> Quand tu venais partager mes travaux,
>   Je trouvais ma tâche légère,
> T'en souvient-il? Tous les jours étaient beaux.
>   Qui me rendra ce temps prospère?
>
> Quand le soleil brille sur nos guérets,
>   Je ne puis souffrir sa lumière ;
> Et quand je suis à l'ombre des forêts,
>   J'accuse la nature entière.

Si Madame Élisabeth avait fait des heureux, elle ne
fit pas des ingrats. L'attachement de Marie pour sa
bienfaitrice la conduisit jusqu'au fond d'une prison

d'où Pauvre Jacques eut peine à l'arracher, puis tous deux dirent adieu à la France, où les révolutionnaires venaient de consommer un de leurs crimes les plus odieux, et se retirèrent à Fribourg, n'oubliant pas leur sainte maîtresse qu'ils pleurèrent tous les jours.

Mais écartons ces sinistres souvenirs, retournons à Montreuil, car un spectacle plus touchant que le bonheur du gentil ménage nous y appelle. Nous y verrons la princesse visitant les malades, auprès desquels elle ne se contentait pas d'envoyer son médecin, et priant au chevet des mourants. C'est ainsi qu'un jour, un ouvrier de Montreuil ayant été frappé dans les jardins de la princesse où il travaillait, d'un mal subit et d'une telle violence, qu'en quelques minutes tout espoir fut perdu, la bonne princesse le fit porter chez lui, et bientôt après entra elle-même dans la chambre du mourant. Elle trouva le curé de Montreuil, s'agenouilla près du lit de mort, et mêlant ses prières à celles du prêtre, elle aida ce chrétien au terrible passage du temps à l'éternité, « Madame donne ici un grand exemple, » ne put s'empêcher de dire le prêtre frappé d'admiration. « Et moi, monsieur, répondit-elle en montrant le lit du mourant, j'en reçois un bien plus grand, que je n'oublierais jamais. » En effet, quelque temps après, écrivant à madame de Raigecourt, elle disait, après avoir raconté la mort de cet homme :
« Je l'ai vu recevoir le bon Dieu ; et je ne crois pas que
« cela s'efface de longtemps de ma mémoire. Priez pour
« que j'en profite. »

III

L'Empereur Joseph II à Versailles (1777) — Originalité de ce prince, il protége l'abbé de l'Épée.

Nous ne quittons pas sans regrets les frais ombrages, les charmantes solitudes de Trianon et de Montreuil, dont les noms seront désormais unis à ceux de Marie-Antoinette et de Madame Élisabeth, pour rentrer au château.

En retournant un peu sur nos pas jusqu'en 1777, nous y trouverons un hôte nouveau, le frère de la reine, devenu empereur sous le nom de Joseph II; vivement sollicité par sa sœur, à qui l'absence d'une famille si aimée pesait cruellement, il avait entrepris le voyage de France. Le comte de Falkensteins (l'empereur voyageait incognito) arriva à Versailles dans un équipage qui étonna fort la cour et la ville: « Dans sa suite et « dans ses bagages, dit l'*Espion anglais*, il est arrivé « avec un train moins considérable que celui d'un co-

« lonel qui va rejoindre son régiment. Il avait deux
« seuls domestiques de louage et un cocher de remise.
« Dans son extérieur aucun luxe, nulle décoration; un
« simple habit de drap brun ou vert est celui qu'il
« portait habituellement. »

Ce prince avait refusé l'hospitalité royale, en déclarant qu'il voulait habiter un hôtel garni de la ville. Il
y trouva en effet son appartement préparé par les soins
de la reine, qui y avait fait transporter une partie du
mobilier de la couronne.

Marie-Antoinette raconte elle-même à sa sœur Marie-
Christine les détails du séjour de leur frère à Versailles.

« L'empereur s'est obstiné, comme je vous l'ai déjà
« dit, ma chère Marie, à ne pas vouloir prendre sa ré-
« sidence au château. Il loge dans un hôtel garni, mais
« il soupe avec nous. Le mois dernier, je l'ai conduit à
« une représentation d'*Iphigénie en Aulide*, à l'Opéra
« de Paris. — Il s'était enfoncé au fond de la loge; mais
« à un morceau décisif, je l'ai pris par le bras et je l'ai
« forcé à se laisser voir. Alors il a été reçu avec accla-
« mations du public, et il est sorti très-enthousiasmé
« de sa réception et du succès de notre bon Gluck. Il
« est toujours le même. Il fait des observations très-
« justes sur ce qu'il voit, rit, donne des conseils comme
« personne n'en sait donner. *Des fois*, il faut l'avouer,
« il y met une forme un peu brusque, ce qui fait per-
« dre à ses grandes idées leur effet. Ma chère maman
« ne trouvera pas mauvais si je tiens ce langage; elle
« connaît mieux que personne mon frère et moi-même,

« et elle sait toute l'admiration que j'ai pour lui et tout
« le prix que j'attache à ce qu'il ait un plein succès à
« la cour, comme il le mérite, et combien je suis fière
« du respect qu'il inspire ici. Le roi le regarde avec
« amitié, et, comme il est très-timide et peu parlant, il
« l'écoute volontiers sans mot dire ; mais, quand notre
« frère lui donne de ces coups de critique, il se borne
« à sourire et se tait. L'autre jour, cependant, il n'a
« pu garder le silence sur certains principes de gouver-
« nement développés par l'empereur contre le clergé.
« Le roi a repris un à un ses arguments avec une pré-
« cision, une fermeté, un sangfroid qui nous ont tous
« étonnés..... »

Joseph était, on le sait, du nombre de ces souverains
philosophes et frondeurs, admirateurs de Voltaire.

Ce prince se plut à marquer une estime particulière
aux artistes et aux gens de lettres. Tout semblait attirer
sa curiosité, car il aimait, disait-il lui-même, par dessus tout, les choses *spectaculeuses*. Cette curiosité et la
philanthropie philosophique qu'il se plaisait à étaler
furent un puissant secours à l'une de plus belles œuvres
de la charité chrétienne.

Un prêtre modeste, né à Versailles, l'abbé de l'Épée.
avait été touché de compassion pour l'une des grandes
misères de l'humanité. La pensée que les pauvres âmes
des sourds-muets s'ignoraient elles-mêmes et par conséquent ignoraient Dieu toucha son cœur évangélique. Il
résolut de faire jaillir la vie intellectuelle du cerveau
de ces êtres infortunés à qui la tradition humaine manquait avec la parole, et qui végétaient en eux-mêmes

comme dans un tombeau animé. Les ressources étaient faibles, mais il savait qu'on peut compter sur la Providence. Il se mit donc à l'œuvre, réunissant quelques enfants et essayant cette méthode simple et admirable dont les prompts succès eussent été pour lui une grande joie, s'il avait pu augmenter le nombre de ses petits protégés.

C'est dans ces circonstances qu'il vit entrer un jour, au moment de sa classe, un personnage inconnu qui n'était autre que le frère de la reine. Joseph II s'enthousiasma pour l'œuvre de l'abbé de l'Épée, ce modeste chrétien ; il passa des heures à causer avec lui, à faire répéter l'intéressante leçon, et revint à Versailles parler de sa découverte à la cour, fort étonné qu'un homme comme l'abbé de l'Épée y fût à peine connu. La reine alla visiter le modeste établissement, l'admira aussi, et bientôt la mode vint de faire une visite aux sourds-muets. La réputation de l'abbé de l'Épée grandit vite, et l'établissement protégé par le roi, reconnu d'utilité publique, prit cet heureux développement, digne récompense de son humble fondateur.

IV

Mot profond à propos de la guerre d'Amérique. — Sèvres et
les porcelaines.— Expérience faite à Versailles de la première
montgolfière. — Les enfants de France : heureuse mère, heureuse reine.

Le séjour en France du frère de la reine, sa liaison
avec les encyclopédistes à une époque où déjà la Révolution bouillonnait sous le sol comme le feu des vol-
cans à la veille d'une éruption, avaient pour un moment
augmenté peut-être la popularité de Marie-Antoinette, à laquelle il donnait dans une lettre ces justes
éloges : « J'ai quitté Versailles avec peine, attaché
« vraiment à ma sœur. Elle est aimable et charmante ;
« j'ai passé des heures et des heures avec elle sans
« m'apercevoir comment elles s'écoulaient; sa sensi-
« bilité au départ était grande, sa contenance bonne ;
« il m'a fallu toute ma force pour trouver des jambes
« et m'en aller. »

Mais le voyage de Joseph II devait certainement nuire à la royauté. Tous n'avaient pas entendu cette parole prononcée dans les salons de Versailles à l'occasion de l'enthousiasme que montrait une partie de la cour pour la cause américaine que Franklin était venu plaider en France : « Mon métier à moi est d'être royaliste. »

Louis XVI voulut que son royal beau-frère emportât quelque souvenir digne de l'industrie nationale ; ce souvenir fut un magnifique service de Sèvres.

La manufacture de Sèvres avait manqué aux splendeurs artistiques de Louis XIV, car alors la fabrication de la porcelaine n'avait point dépassé un certain niveau. L'imagination française avait cependant dès longtemps deviné ce qu'un peu de terre maniée par l'art peut produire sous une main habile. La porcelaine avait paru sur la table royale concurremment avec ces admirables pièces d'orfévrerie dont le travail surpassait la matière. En 1653, Mazarin donnant un festin à des têtes couronnées, un poëte du temps avait dit qu'il

> Traita deux rois, traita deux reines,
> En plats d'argent, en *porcelaines.*

Des ouvriers habiles avaient dès lors créé à leurs frais une manufacture près de Saint-Cloud, qui avaient eu l'honneur de la visite et des encouragements de la duchesse de Bourgogne.

Cependant tous ces efforts n'amenaient pas encore

ces beaux produits dont la Chine et le Japon étaient fiers et que la France tenait à honneur d'égaler.

Un saint missionnaire, qui était allé dans le Céleste-Empire pour conquérir des âmes, rencontra le *kaolin* et le *petuntzé*, ces deux précieux éléments de la terre dont les Chinois faisaient leur porcelaine; le P. d'Entrecolles, qui, comme tous les membres de sa Société, ne dédaignait aucune des choses qui peuvent être utiles aux hommes et à la civilisation, s'empressa d'envoyer un mémoire important en France sur son heureuse découverte. Seulement le kaolin et le petuntzé restèrent à l'état de *chinois* pour les Français jusqu'à ce que les échantillons, rapportés par le savant jésuite, fussent confiés à un autre savant, Réaumur, qui fut assez heureux pour découvrir que notre sol français contenait ces matières.

Le régent protégea l'art nouveau et installa une fabrique de porcelaine à Chantilly. A la mort du prince les directeurs de cette fabrique s'associèrent à plusieurs autres, et obtinrent par une femme de la cour, la marquise de Pompadour, volontiers protectrice des choses nouvelles, la translation de leur manufacture à Sèvres dans l'ancienne maison de Lulli. L'art semblait y succéder à l'art. Ce fut quatre ans après, que les chefs-d'œuvre produits par ces habiles artistes firent désirer à Louis XV que cette gloire, au lieu d'appartenir à de simples particuliers, devint une propriété publique. Le roi fit alors de la manufacture des sieurs Dubois une manufacture royale.

Désormais le plus beau présent de la France aux souverains étrangers sera quelque pièce admirable de cette manufacture de Sèvres, sans égale en Europe. Souvent ces souverains, jaloux d'orner leur table de ses produits, feront eux-mêmes fabriquer un de ces services splendides payés au poids de l'or, on peut bien le dire, car l'impératrice de Russie, en 1778, en acquit un au prix de cent mille écus. Chaque assiette, décorée de cinq têtes dessinées d'après l'antique, coûtait deux cent quarante livres.

Mêlons-nous maintenant à la foule qui encombre les avenues, les places et jusqu'aux cours du château de Versailles. Tous les yeux se portent sur un globe immense maintenu avec effort sur la terre qu'il semble impatient de quitter. Nous sommes en présence du premier ballon ou plutôt de la première montgolfière. « Ce ballon fait « en toile de fil et de coton, d'un tissu très-serré, était « peint à fond d'azur, avec son pavillon et tous ses or- « nements en or ; il avait vingt mètres de hauteur sur « huit de diamètre. »

Lé roi descendit avec la reine et sa famille dans la cour et examina la curieuse machine, qui s'éleva au bruit du canon, couvrant les cris d'angoisse de trois pauvres animaux, un mouton, un coq et un canard so- lidement attachés dans la petite nacelle. C'étaient les pacifiques précurseurs des intrépides aréonautes qui allaient bientôt s'élancer dans les plaines de l'air ; les pauvres bêtes, comprenant peu pourquoi on les enlevait de cette terre qui suffisait si bien à toute leur ambition, aspiraient à descendre. La chaleur du fourneau placé entre la nacelle et le ballon n'ajoutait rien au charme de leur voyage.

Ce premier essai avait lieu en 1783, et près d'un siècle s'est écoulé sans y apporter les progrès notables qu'on espérait alors. Il est vrai que la vapeur a lancé les locomotives au travers de la découverte des frères Montgolfier, et que, quelque désireux que soit l'homme de multiplier ses heures, il a eu le bon sens de préférer une marche déjà merveilleusement rapide sur l'élément qui lui est naturel, à cette course fabuleuse dans le pays des aigles et des hirondelles, que la société d'aérostation promet de nous ouvrir.

Longtemps la Providence avait refusé au roi et à la France ces rejetons de la race royale que tant de prières lui demandaient. Hélas! ces prières eussent été moins ardentes si l'avenir, déchirant ses voiles, eût laissé voir la destinée réservée au Dauphin de France.

En 1778, une jeune princesse naquit enfin à Versailles : c'était Madame Royale, Marie-Thérèse, la reine de l'exil.

Elle n'avait point été désirée, c'était un Dauphin qu'on attendait. Marie-Antoinette, en exprimant ses regrets à sa mère, ajoute ces paroles prophétiques : « La « pauvre petite qui est venue ne m'en sera pas moins « chère; un fils ne m'eût point appartenu, elle sera « toujours auprès de moi. *Elle m'aidera à vivre, me* « *consolera dans mes peines*, et nous serons heureuses « à deux... Le roi est pour moi d'une attention de « mère. »

La France cependant avait fêté cette naissance, et le peuple répétait ce joli quatrain :

Pour toi, France, un Dauphin doit naître,
Une princesse vient pour en être témoin ;
Sitôt qu'on voit une grâce paraître,
Croyez que l'Amour n'est pas loin [1].

En attendant que l'*Amour* naisse à son tour, la reine s'enivre du bonheur d'une première maternité. Une de ses plus charmantes lettres est celle où elle en raconte les douceurs à sa mère.

« Madame ma très-chère mère, je me me suis établie « ici depuis deux jours avec le roi et Madame Élisabeth, « pour achever de me rétablir ; mes belles-sœurs me « tiennent compagnie ; je pense voir aussi mes tantes « avant leur départ pour leur château de Bellevue. Je « ne peux que m'applaudir d'avoir pris ce parti ; la ver- « dure est charmante, et le calme parfait ; il y a beau- « coup d'améliorations introduites dans mes jardins, et « c'est vraiment un parterre enchanteur. Mes serres « commencent à devenir magnifiques, et j'y fais entre- « tenir une quantité de plantes rares... J'ai des chry- « santhèmes d'une beauté éblouissante et des variétés « de roses innombrables, dont mon jardinier est si fier « que les gens du métier viennent les étudier sur place. « Ma fille prend des forces, et, en ma qualité de mère,

---

[1] Voir les détails de cette naissance dans la *Vie de Marie-Thérèse de France, fille de Louis XVI*, par M. Alfred Nettement.

« je suis persuadée qu'elle est la plus belle enfant du
« royaume. Le roi est de cet avis, et je suis sûre que
« ma chère maman en serait également. Je lui baise
« bien respectueusement les mains pour moi et pour
« ma fille. Le roi affirme qu'elle lui a souri, moi je
« trouve qu'elle ne fait encore que la moue, mais une
« moue si gentille, qu'on peut s'y tromper. »

Trois ans à peine s'étaient écoulés depuis la naissance
de Madame Royale, lorsque la France retentit d'acclamations en saluant celle d'un Dauphin. L'enthousiasme
populaire ne savait comment s'exprimer. Les corpora-
rations renouvelèrent l'ingénieuse procession de la naissance du fils de Louis XV, mais en y ajoutant quelque
chose de tout à fait pittoresque : c'était l'emblème de
chaque état. Les ramoneurs portaient sur leurs épaules
une magnifique cheminée au haut de laquelle sautait
et chantait un petit *compagnon*. Les bouchers conduisaient un superbe bœuf gras tout enguirlandé. Les ser-
ruriers battaient sur l'enclume la mesure de la musique
plus ou moins harmonieuse qui accompagnait cette
procession fermée par une chaise à porteur toute do-
rée, dans laquelle une grosse nourrice endormait un
petit *Dauphin*.

Ce fut ensuite le tour des poissardes. Comme nous
l'avons déjà vu dès Louis XIV, les femmes de la halle
avaient toujours eu, à l'occasion des événements qui
survinrent dans la famille royale, leurs entrées chez
le roi. Louis XVI les reçut lui-même et les conduisit
chez la reine. Ces femmes, s'étaient parées de leurs
plus beaux atours, et plus d'une des duchesses qui en-

touraient le lit de la reine put envier leurs magnifiques diamants. La Harpe avait composé le discours qu'elles firent au roi, à la reine et au petit Dauphin. Ce discours simple et touchant ne valait pourtant pas les couplets qu'elles chantaient en entrant au château.

> Ne craignez pas, cher papa,
> D'voir augmenter vot' famille,
> Le bon Dieu z'y pourvoira.
> I eut-il cent Bourbons chez nous,
> I a du pain, du laurier pour tous.

En sortant de la chambre de Marie-Antoinette, les cinquante poissardes s'assirent à un splendide repas et eurent les honneurs d'un véritable grand couvert, car le public fut admis à circuler autour de leur table, comme s'il s'agissait de celle du roi.

L'enfant reçu avec tant de joie devait mourir à Meudon, dès 1789, et être ainsi le plus heureux de sa malheureuse famille.

Enfin, en 1783, naquit le duc de Normandie, ce bel enfant que la reine appelait : Mon gros Normandie, et qui porte dans l'histoire le nom de Louis XVII, arrosé de tant de larmes !

Mais ne devançons pas les années. Hélas ! nous ne marchons que trop vîte ! Arrêtons-nous quelques moments encore dans cette oasis du Petit-Trianon dont la beauté semble doublée, maintenant que de joyeux enfants se jouent sur ces gazons et mêlent leurs gais éclats au chant des oiseaux qui peuplent les bocages.

Souvent un petit théâtre s'élève à l'abri d'un vert bosquet. Tous les enfants de la cour y suivent les jeunes princes. Ce n'est pas l'antique Polichelle qui y paraît, Séraphin, l'inventeur des ombres chinoises, établi à Versailles, sous le patronage des enfants de France, a placardé son affiche attrayante qui ne manque jamais son effet :

> Venez, garçon, venez, fillette,
> Voir Momus à la silhouette :
> Oui, chez Séraphin venez voir
> La belle humeur en habit noir.
> Tandis que ma salle est bien sombre,
> Et que mon acteur n'est que l'ombre,
> Puisse, messieurs, votre gaieté,
> Devenir la réalité ?

La gaieté en effet était grande aux scènes du *pont-cassé* et de la *chasse aux canards*, car le Séraphin d'alors était le Séraphin d'aujourd'hui. Bien des choses ont passé, mais Séraphin a survécu, et l'heureux rire de l'enfance ne lui fera jamais défaut. Quel tableau charmant, et comme les bosquets verdoyants de Trianon le rendent plus charmant encore en lui prêtant leur cadre ! La reine tenant dans ses bras son plus jeune fils, dont l'extrême vivacité se faisait remarquer au berceau, la petite princesse au doux regard, le Dauphin dont la délicate beauté rappelait celle de sa mère, et Louis XVI contemplant avec un juste orgueil sa jeune famille.

Restons-en là ; la politique et la Révolution vont bientôt tout changer ; quelques jours encore, et la brillante *Cour de Versailles* ne sera plus qu'un souvenir. Hâtons-nous donc devant cette touchante scène où Marie-Antoinette nous apparaît dans tout l'éclat de la beauté et du bonheur de dire une dernière fois: *Heureuse mère, heureuse reine!*

FIN.

TABLE

VERSAILLES SOUS LOUIS XV.

CLAIRE DE FOURONNE

RÉCIT BOURGUIGNON

Par Al. de Thémar, in-18. — Prix : 2 fr.

L'article qui suit extrait d'un excellent journal qui se publie à Orléans donne une idée parfaite de ce nouveau volume:

« — L'œuvre légère que nous signalons ici n'est pas un de ces romans à sensation et à scandale, destiné à faire retentir pendant quinze jours tous les échos de la chronique. Telle n'était point du reste l'ambition du jeune auteur: il eût, même été bien fâché d'obtenir à ce prix un semblable succès. Lui-même, dans deux petites pages de *Préface*, expose très-simplement ses intentions: « Les ouvrages de pure imagination, dit-il, ne sauraient être seulement un passe-temps pour l'écrivain, une distraction plus ou moins fugitive pour les autres. Ne doit-on pas diriger ses efforts vers quelque choses de plus élevé? Ne faut-il pas chercher autant que possible dans la peinture des mœurs humaines non-seulement un attrayant spectacle, mais surtout un honnête et salutaire enseignement? » Telle est la pensée d'où est sortie *Claire de Fouronne*. On ne doit donc point demander à ce récit, écrit sans prétention et discrètement mis au jour, un de ces poignants attraits que les esprits désœuvrés saisissent si avidement. Mais les âmes délicates et honnêtes y puiseront quelques heures de lecture facile, dont elles n'auront pas à se repentir. Un court exposé du sujet en dira plus que toutes nos paroles.

« Deux jeunes filles, deux cousines, sont élevées presque côte à côte. L'une, Claire de Fouronne, est restée de bonne heure orpheline et sans fortune. Elle a été confiée, par sa mère mourante, à la sœur d'un vieux curé de village. Elle apprend dès l'enfance à se suffire à elle-même, à s'occuper de ces soins vulgaires qu'annoblit si bien la grandeur des sentiments; en même temps, elle nourrit son esprit de lectures sérieuses, elle élève son cœur par la visite des malheureux et des malades ; par toutes ses œuvres de charité, enfin, que la pauvreté même n'interdit pas. Quant à l'autre, elle a pour père un général bon vivant, joyeux chasseur, qui se plaît à lui laisser accomplir toutes ses fantaisies. A Paris, à Mailly-Château, Ida de Montrevel s'entoure du luxe le plus insensé, de tous les raffinements de l'élégance ; elle ne recherche que les distractions et les plaisirs, elle ne connaît que les livres les plus frivoles ; elle s'écarte avec dégoût à la vue des infirmes et des pauvres, comme si la richesse dont on jouit par hasard pouvait faire oublier les misères affligeantes qui sont ici-bas le lot du plus grand nombre. Elle déteste sa cousine et semble jalouse de sa vie heureuse et de ses vertus. Arrive l'âge où les deux jeunes filles viennent prendre leur place dans le monde. Ida, malgré son argent, malgré les brillantes réceptions de la maison de son père, ne peut trouver personne qui veuille penser à elle. Des revers de fortune viennent s'abattre sur M. de Montrevel. Le général se ruine tout à fait en essayant de réparer cette première perte. Il meurt de désespoir ; et sa fille, instruite enfin aux dures leçons de l'adversité, renonce courageusement au monde et va expier devant Dieu les erreurs et les plaisirs de son inutile jeunesse, tandis que Claire, sans l'avoir cherché, rencontre le bonheur avec la richesse.

« Telle est, en deux mots, la trame de cette histoire. Il s'y mêle de gracieuses aventures, des scènes de mœurs heureusement amenées, des caractères vraiment pris sur le fait. Descriptions et épisodes tout s'enchaîne sans trop de peine, si on veut bien faire la part de cette invraisemblance nécessaire qui fait punir le vice et récompenser la vertu. Mais c'est là un défaut qui n'est plus guère de mode et qu'on ne peut se plaindre de rencontrer. Du reste, si la morale est satisfaite, l'intérêt ne l'est pas moins, et l'on ne saurait regretter une lecture qui instruit sans peine et amuse sans danger. » G. DE LAVILLE.

VISIONS DE L'AVENIR
Par C. F. CHEVÉ,
Ancien rédacteur des Villes et Campagnes.
Un très-joli volume in-18. 1 fr. 50.

Ce sont les méditations d'une âme qui, après avoir traversé tous les systèmes, et trop élevée pour s'arrêter dans le doute, est arrivée à la possession de l'intégrale vérité. — Alors, du sommet de la montagne qu'il a gravie péniblement et non point sans douleur, le philosophe chrétien aperçoit un horizon immense qui tout à l'heure lui était caché. C'est l'humanité éclairée du soleil de Jésus-Christ ; c'est l'individu, la famille, la patrie, ayant réalisé ce suprême idéal : l'unité par la liberté, la justice par la liberté. Léopold GIRAUD.

Voici du reste la table des matières :

Les Fantômes (l'âme à Dieu). — Il est là. — Pleurerai-je

donc toujours ? — L'Orpheline. — Le Pauvre. — Le Peuple. — L'Eglise. — Amour. — Frères, il faut aimer. — La Fraternité. — L'Eucharistie. — Image du grand mystère. — Communion sociale. — Trinité sociale — L'Egalité. — Age nouveau. — France, au vent ton drapeau ! — La Liberté. — Tu ne tueras point. — La Pénitence. — La Justice. — Le Pâtre-roi. — Souveraineté des nations. — Le Christ. — Décalogue évangélique. — Une voix d'en haut. — Fils de l'Eglise, où vas-tu ? — Debout ! — Dieu et César. — Règne du Christ. — La République de Dieu. — L'Esprit des cieux. — Chrétien et peuple. — Voix de la foule. — Le Crucifié moderne. — Litanies des peuples. — Le Secret de l'avenir. — Sainteté du travail. — Le Fiancé de la pauvreté. — La Femme. — Marie. — Une étoile du ciel. — L'Ineffable. — Les Mystères du monde divin révélés par ceux du monde humain. — La Morale. — Réhabilitation de la chair. — Le Mariage. — La Famille. — L'aïeul. — L'Extrême-Onction. — Dieu seul. — La Fraude et le Mensonge. — Les Sept ombres. — Le Culte. — Le Mystique. — L'heure. — Le Cœur et la Pensée. — L'Enigme du siècle. — Baptême social. — Mission de la France. — Spectacle de la nature. — Le Ciel sur la Terre. — Le Saint. — Est-ce là l'homme ? — Unité par la liberté. — La Vie cachée. — La Croix. — La Vie par la mort. — L'Hymne du silence.

LA ROUE QUI TOURNE
Par Gabriel d'ETHAMPES.

Un fort volume in-12. — Prix : 2 francs.

La vie est pleine de vicissitudes et de déceptions, l'auteur si chrétien de la *Robe de la Vierge* et de la *Pupille du Docteur,* nous en offre un exemple frappant dans son charmant volume que toutes les familles voudront se procurer.

LA VÉRITÉ SUR LE SPIRITISME
DES ÉVOCATIONS ET DU COMMERCE
AVEC LES ESPRITS AU DIX-NEUVIÈME SIÈCLE
Par M. le marquis de ROYS,
Ancien élève de l'école polythecnique.

Neuvième édition, revue et corrigée. — In-32 de 64 pages. — 25 c.; on donne 13/10 — 80/60 — 140/100.

La question du spiritisme n'est pas morte, elle se raviv

plus que jamais, cet opuscule a sa raison d'être, il sera même d'une grande utilité. — Voici la table des matières :

Qu'est-ce que le spiritisme? — Y a-t-il des esprits? — Où en étaient les vieilles croyances. — Invasion du spiritisme. — Progrès du spiritisme. — Rouerie des esprits. — Le spiritisme est il nouveau? — Le spiritisme et le magnétisme. — Qu'est-ce donc en réalité que le somnambulisme magnétisme? — Le somnambulisme magnétique est-il nouveau? — Depuis le christianisme. — Le spiritisme en Chine. — Le spiritisme est-il en progrès? — Une nation de spirites. — Où mène matériellement le spiritisme. — Du spiritisme sous le rapport spirituel.

Solidaire et Chrétien, par Barnabé Chauvelot. 1 vol. in-18.   1 fr.

G'est le dernier mot sur la secte infernale qui ne veut plus ni Dieu ni prêtre.

Frère Arsène et la Terreur, par Eugène de Margerie. 1 beau vol. in-12.   2 fr.

Le nom de M. de Margérie est populaire, son nouvel ouvrage aura le plus grand succès.

Les Chrétiens aux Bêtes, par Maurice le Prévost. In-18.   1 fr. 50

Rien de plus vif ni de plus piquant que ce nouveau volume, qui ne fera pas l'affaire de nos libres penseurs.

Une vocation d'artiste. Joli vol. in-18.   1 fr. 50

L'auteur de cet ouvrage, M. Ernest Chevereau, s'est donné pour but la démonstration de cette vérité qu'avec du courage, de la persévérance, et surtout avec la foi en Dieu, on arrive à triompher des obstacles et des difficultés que l'on rencontre dans la vie.

Les Montagnards, Scènes de la vie champêtre dans les montagnes, par un paysan. 1 vol. in-12.   1 fr.

Ce livre est d'une grande utilité pour les campagnes.

La Créole de la Havane, par le même. In-12.   2 fr.

Les Trois fleurs, Conte allegorique dédié à la jeunesse, par Romée d'Avirey. 1 beau vol. in-12.   2 fr.

Le Bonheur dans le devoir, par Roux-Ferrand. 1 vol. in-12.   1 fr.

Le Petit Livre pour tous, par M. l'abbé Martin de Noirlieu. in-18.   50 c.

Les petits livres sont comme la petite artillerie avec laquelle on fait plus facilement la guerre à *l'ennemi.*

Clemencia, par Fernand Caballero, traduit de l'espagnol avec l'autorisation de l'auteur par MM. Appino et Marchand. 1 beau vol. in-18.

70 |5
20 |14
0

6 5 |2
2 5 |16
1

6 5
3